THÉATRE
DE L'ENFANCE.

PREMIÈRE PARTIE.

Il y a trop de croute, vous êtes un sot.

THÉATRE
DE L'ENFANCE,

PAR MADAME

DE LAFAYE-BRÉHIER,

AUTEUR DES PETITS BÉARNAIS, DU ROBINSON
FRANÇAIS, etc.

Orné de gravures.

TOME SECOND.

PARIS,
LYMERY, FRUGER ET Cie.,
Libraires-Éditeurs, Rue Mazarine, N° 30.
—
1828.

LES PETITES

SATURNALES,

COMÉDIE EN DEUX ACTES.

PERSONNAGES.

M. VALENTIN.
LÉON, son fils.
ÉLISE, sa fille.
LUBIN, valet de Léon.
ROSETTE, suivante d'Élise.
DAMIS, frère de M. Valentin.

La Scène est à la campagne chez M. Valentin.

LE THÉATRE
DE L'ENFANCE.

LES PETITES
SATURNALES *.

Acte premier.

SCÈNE PREMIÈRE.

Le théâtre représente un salon.

M. VALENTIN *seul.*

J'ai lu quelque part que le meilleur moyen de soutenir avec constance les

* Saturnales, fêtes en l'honneur de Saturne, qui se célébraient à Rome. Toutes les distinc-

événemens les plus fâcheux, est de s'y tenir préparé d'avance, en examinant de sang-froid tout ce qu'on a à redouter de la fortune, dans la circonstance où on se trouve. Cette règle de philosophie convient surtout à un père de famille qui retourne dans sa maison après une longue absence; car il a beaucoup de choses à craindre, et pour moi, il me tarde encore plus de savoir comment mon fils et ma fille se sont conduits, que de les embrasser. Élise est assez douce et assez raisonnable pour son âge; mais le caractère de Léon, na-

---

tions de rang cessaient alors, jusque là que les esclaves pouvaient impunément dire à leur maître tout ce qu'ils voulaient, et même railler leurs défauts en leur présence.

Dict. abrégé de la Fable, par CHOMPRÉ.

turellement altier et superbe, me fait douter qu'il soit demeuré exempt de reproches. Je ne serais pas fâché de m'informer aux gens de la maison de ce qui s'est passé pendant mon absence. (*Il regarde au fond du théâtre.*) Je ne vois personne, et ce logis est assez mal gardé.... C'est abuser un peu trop de la liberté de la campagne.... N'est-ce pas Lubin, le petit valet de Léon, que j'aperçois dans le jardin? C'est lui-même; on dirait qu'il pleure. Holà, Lubin, viens ici sans tarder.

SCÈNE II.

M. VALENTIN, LUBIN.

LUBIN.

Ah! Monsieur! c'est vous? Par où êtes-vous donc entré, s'il vous plaît?

M. VALENTIN.

Ce n'est point par la fenêtre, comme tu peux croire. Les portes sont ouvertes de tous les côtés. Que font mes enfans ?

LUBIN.

Ils viennent de sortir à l'instant même pour s'aller promener. Voulez-vous que je coure après eux ?

M. VALENTIN.

Non ; satisfais plutôt ma curiosité. A quoi s'occupe ma gouvernante ? A-t-elle veillé sur mes enfans, comme je le lui avais recommandé ? J'ai bien peur qu'elle ne se soit montrée aussi négligente sur cet article que sur le soin de tenir le logis fermé.

LUBIN.

Dame, Monsieur, ce n'est pas sa

faute. Quand elle veut se permettre quelque remontrance, on lui rit au nez, on se bouche les oreilles, ou on lui chante des chansons, et elle a beau fermer les portes vingt fois par jour, on les ouvre dès qu'elle a les talons tournés.

M. VALENTIN.

Et les *on* qui font tout cela, qui sont-ils ?

LUBIN.

Dame, Monsieur, ce n'est pas moi, ni ma sœur Rosette, ni Mademoiselle Elise.

M. VALENTIN.

C'est donc M. Léon ?

LUBIN.

Dame, Monsieur sait bien lui-même qu'il n'y en a pas d'autres dans la maison.

M. VALENTIN *à part.*

Je m'en doutais. (*à Lubin.*) Qu'avais-tu à pleurer dans le jardin ?

LUBIN.

Moi, Monsieur ?

M. VALENTIN.

Toi-même. Qu'est-ce qui t'affligeait ?

LUBIN.

Ce n'était rien, Monsieur.

M. VALENTIN.

On ne pleure pas pour rien.

LUBIN *à part.*

Si j'osais lui dire la vérité, peut-être empêcherait-il une autre fois.... Mais non, j'ai peur qu'il ne le prenne mal.

M. VALENTIN.

Que murmures-tu là, en toi-même ?

LUBIN.

Monsieur veut-il ôter ses bottes ?

M. VALENTIN.

Je ne te parle point de mes bottes ; je te demande ce que tu avais à pleurer, il n'y a qu'un instant.

LUBIN.

Ma foi ! je ne m'en souviens plus.

M. VALENTIN.

Ah ! petit fripon ! je devine que tu as dérobé quelque chose à l'office, et qu'on t'aura pris sur le fait.

LUBIN *pleurant*.

Non, Monsieur, vous n'y êtes pas du tout ; je suis un garçon d'honneur, et je n'ai jamais rien volé à personne.

M. VALENTIN.

Tant mieux, mon enfant ; mais si tu

ne veux pas que je t'accuse injustement, réponds-moi donc avec franchise.

LUBIN.

Eh bien, Monsieur, puisque vous voulez absolument savoir ce qui me faisait pleurer, je vous dirai que c'était à cause d'un soufflet que j'ai reçu de monsieur votre fils.

M. VALENTIN.

Mon fils t'a donné un soufflet?

LUBIN.

Hélas! oui, et l'un des mieux conditionnés encore.

M. VALENTIN.

Eh qu'avais-tu donc fait pour t'attirer ce mauvais traitement?

LUBIN.

J'ai eu le malheur de laisser tomber

sa belle boîte à poudre, à son retour de la chasse.

M. VALENTIN.

Voilà une brutalité impardonnable. J'espère que ce sera la première et la dernière fois qu'il s'y sera livré.

LUBIN.

J'ignore si ce sera la dernière fois; mais je sais bien que ce n'est pas la première.

M. VALENTIN.

Comment! il t'a battu encore dans d'autres occasions?

LUBIN.

Vraiment, Monsieur, il dit que je suis fait pour cela, et qu'on ne mène les rustres de mon espèce qu'à coups de bâton.

M. VALENTIN.

Ma vieille gouvernante ne lui a-t-elle pas fait à ce sujet de justes représentations ?

LUBIN.

Oh ! elle lui a dit les plus belles choses du monde ; mais M. Léon se moque d'elle et la menace de la traiter comme moi, si elle s'obstine à le contredire.

M. VALENTIN.

J'apprends ici de jolies nouvelles, et je vois qu'il était temps que je revinsse. Dis-moi maintenant si Mademoiselle Elise.... Mais j'aperçois ta sœur ; elle m'instruira mieux que toi de ce qui concerne sa maîtresse.

SCÈNE III.

M. VALENTIN, LUBIN, ROSETTE.

ROSETTE.

Monsieur, je suis votre servante, et je me réjouis de vous voir de retour.

M. VALENTIN.

Eh bien, Rosette, es-tu toujours contente de ta condition ?

ROSETTE.

Je serais bien difficile, Monsieur, de n'en être pas satisfaite ; Mademoiselle Elise est la meilleure personne du monde.

M. VALENTIN.

Tu ne reçois donc pas des soufflets comme ton frère ?

ROSETTE *à Lubin.*

Fi! Lubin! cela n'est point joli de rapporter.

LUBIN.

Tu en parles à ton aise; mais si tu étais traitée comme je le suis.... D'ailleurs j'ai dû obéir à Monsieur.

M. VALENTIN.

Mes enfans, il serait fort mal, en effet, que vous allassiez vous plaindre aux étrangers, pour perdre vos maîtres de réputation ; mais songez que je suis leur père, et que je ne m'informe de leurs défauts que pour les en corriger. Vous me devez donc la vérité toute pure; c'est le meilleur moyen de les servir fidèlement.

ROSETTE.

Pour moi, Monsieur, je ne saurais

que me louer de Mademoiselle Elise.
Loin de s'emporter à tout propos,
comme fait M. Léon, elle se permet
quelquefois de le réprimander doucement à cet égard.

LUBIN.

Il est bien vrai qu'on ne les croirait
pas tous deux du même sang. La semaine dernière, M. Léon m'ordonna de
faire baigner son chien Héraclite. Quoiqu'il soit le plus hargneux de la meute,
c'est celui qu'il affectionne le plus; mais
comme dit le proverbe, *qui se rassemble
s'assemble*. Je pris donc le chien entre
mes bras, car il ne voulait pas marcher :
la maudite bête me mordit à l'oreille;
la douleur m'ayant fait lâcher prise, M.
Léon se mit dans une grande colère, et
me traita de toutes sortes de noms. Il

m'aurait battu, sans mademoiselle Elise qui accourut au bruit qu'il faisait. Elle lui montra mon oreille déchirée, il s'en alla en disant que son chien aurait mieux fait de m'avaler tout entier, pour le débarrasser d'un imbécille tel que moi. Mademoiselle Elise se mit alors à regarder ma blessure, qu'elle prit la peine de panser de sa propre main.

ROSETTE.

Pendant huit jours que je suis restée malade au lit, ne m'a-t-elle pas soignée comme si j'eusse été sa sœur, jusqu'à se lever la nuit pour me donner à boire?

M. VALENTIN.

Je suis bien aise d'apprendre qu'elle a au moins profité de mes leçons. Allez, mes amis, ne parlez à personne de mon retour, ni que je suis instruit de la conduite de mes enfans.

(*Lubin et Rosette se retirent.*)

SCÈNE IV.

M. VALENTIN *seul.*

J'espère qu'il ne sera pas trop tard pour réprimer le mauvais naturel de Léon ; mais je comprends aussi que de simples remontrances ne produiraient pas un effet assez prompt, et qu'il a besoin d'une leçon énergique dont il se souvienne.... Il me vient une idée.... Oui, il n'est rien de tel que de se mettre à la place des autres.... Mais comment donner à cela une tournure.... J'entends leur voix, retirons-nous ; je reviendrai après avoir médité mon projet.

SCÈNE V.
LÉON, ÉLISE.

LÉON.

Ma foi, ma sœur, tu deviens trop sensible, et cela finira par te rendre tout à fait ridicule.

ÉLISE.

Ce pauvre petit berger avait une longue épine dans le doigt; fallait-il l'y laisser, au risque qu'il lui survînt un mal plus sérieux?

LÉON.

Bah! ces gens-là sont comme les animaux; ils se guérissent tout seuls.

ÉLISE.

Défais-toi donc, mon frère, de cette façon de parler : *ces gens-là*. Ne sont-ce pas des créatures comme nous, susceptibles d'affection, de chagrin et de reconnaissance ? Ils ont même assurément des qualités qui nous manquent.

LÉON, *ironiquement*.

Oui, ils ont le cuir des pieds plus épais, par exemple, et je conviens qu'ils marchent avec assurance dans des chemins où je ne ferais que m'écorcher.

ÉLISE.

Ils sont plus patiens, plus humbles, plus résignés à leur malheureux sort. Je ne puis penser, sans compassion, qu'un valet, pour une modique somme, se condamne à ne considérer que nos intérêts, à respecter tous nos caprices, et à supporter tous nos défauts, sans qu'il lui soit permis d'en avoir aucun.

LÉON.

Comptes-tu pour rien ce qu'ils nous font souffrir par leur maladresse, leur

imbécillité, leur défaut de mémoire ?
Moi je soutiens que nos valets sont plus
heureux que nous.

ÉLISE.

Je parie, cependant, que tu ne voudrais point échanger votre condition ?

LÉON.

Belle demande ! Je ne suis pas né pour
être domestique.

ÉLISE.

On dirait, à t'entendre, que cet état
exige une conformation particulière, et
qu'il entre dans l'ordre de la nature que
les uns servent, et que les autres soient
servis. Mon père nous a dit souvent au
contraire que les hommes naissent parfaitement égaux, qu'ils le sont effectivement devant Dieu, et que les rangs
établis par la société, n'ont pu être un

obstacle au mérite de certains personnages qui ont illustré le leur, quelqu'abject qu'il parût.

LÉON.

Il est vrai que le philosophe Épictète était esclave, et qu'un autre philosophe, Cléanthes, s'était loué à un jardinier pour lui tirer de l'eau.

ÉLISE.

Puisque tu sais cela, pourquoi mépriser cette classe infortunée, au risque de te méprendre sur le mérite.....

LÉON.

Tu te moques, je pense. Soupçonnerais-tu autour de nous quelque philosophe caché ? Lubin, par exemple....

ÉLISE.

Pourquoi pas ? Lubin est jeune, savons-nous ce qu'il peut devenir un jour ?

Si la philosophie, comme je l'ai entendu dire, n'est que la patience et le courage qu'on met à supporter ses maux, je suis assurée que tu finiras par rendre Lubin un très-grand philosophe.

LÉON.

Fort bien, ma sœur, prenez son parti contre moi. Je ne m'étonne plus de son indocilité. Vais-je me mêler de vos querelles avec Rosette ?

ÉLISE.

Cela te serait difficile, nous n'en avons jamais.

LÉON.

Rosette est donc une personne sans défauts ?

ÉLISE.

Non, elle est fort étourdie, et s'applique malaisément à son ouvrage ; mais son caractère est docile, et elle m'est fort attachée : deux qualités qui méritent de l'indulgence.

LÉON.

Lubin est sot, maladroit, paresseux, gourmand, et par-dessus tout cela, il ne m'aime point.

ÉLISE.

Eh! mon frère! peut-on aimer ceux qui nous maltraitent? Avec de l'argent, on peut se procurer des serviteurs habiles et officieux; mais l'affection ne saurait être que le prix de la bonté.

LÉON.

Quoi qu'il en soit, je prétends me gouverner à ma fantaisie, et n'avoir pas besoin de tes sermons. Rappelle-toi un peu que j'ai bientôt seize ans, et que tu n'en as que quatorze.

ÉLISE.

Tu te mets d'abord en courroux; mais rappelle-toi, toi-même, que les principes dont tu te vantes ne sont point du tout ceux de notre père, qu'il n'est pas absent pour toujours, et qu'il pourrait bien te sermonner plus sérieusement que moi.

LÉON.

Il verra bien, par ses propres yeux, que le service de Lubin est insupportable...... Mais à propos, Élise, ne trouves-tu pas qu'il nous abandonne bien long-temps?

ÉLISE.

Je ne suis pas aujourd'hui à m'en apercevoir. Il faut que ses affaires se soient prolongées bien au-delà de son attente, puisqu'il comptait ne s'absenter que pour un mois, et que nous voici dans le quatrième, sans qu'il paraisse songer à son retour.

LÉON.

Sans l'amitié que j'ai pour ce bon père, je t'avoue que je ne me plaindrais point de ce contre-temps. Il est si agréable de se trouver son maître !

ÉLISE.

C'est un agrément que tu as pris, plutôt qu'il ne t'a été donné ; car notre vieille gouvernante était chargée.....

LÉON.

Ne me parle point de cette radoteuse.

ÉLISE.

Voilà comme tu es ; tu ne peux souffrir les personnes qui veulent te corriger de tes défauts, et tu ne réponds que par des injures aux sages conseils qu'on essaye de te donner.

SCÈNE VI.
LÉON, ÉLISE, M. VALENTIN, ROSETTE.

ROSETTE.

Mademoiselle, voilà Monsieur votre père qui vient d'arriver.

(*Rosette se retire.*)

ÉLISE.

Ah! courons...(*Elle rencontre M. Valentin, et se jette dans ses bras.*) Mon cher papa! quel bonheur de vous embrasser!

LÉON (*l'embrassant aussi.*)

Ne nous quittez plus, je vous en conjure!

M. VALENTIN.

Croyez, mes enfans, que pendant

cette mortelle absence, vous n'êtes pas sortis un instant de ma pensée, et que je l'aurais abrégée, si cela eût été en mon pouvoir.

ÉLISE.

Nous n'en doutons point; votre tendresse nous est connue.

LÉON.

Avez-vous gagné votre procès, mon papa?

M. VALENTIN.

Oui, mon fils, et je dois convenir que malgré la lenteur de leur marche, mes affaires du dehors se sont terminées à ma satisfaction. J'espère que celles de mon intérieur n'ont eu aussi rien de désagréable, et que tout le monde s'est bien comporté dans ma maison.

LES PETITES

LÉON *embarrassé*.

Je ne pense pas, mon papa, que personne ait eu lieu de se plaindre.

M. VALENTIN.

Quoique je n'eusse laissé autour de vous que des domestiques, et que même parmi eux Geneviève fût la seule dont l'âge était capable d'en imposer, j'étais cependant tranquille. Cette brave fille, qui vous a élevés tous deux, méritait ma confiance par son bon sens et son attachement à ma famille.

ÉLISE.

Ses précieuses qualités ne se sont point démenties pendant votre absence; elle n'a pas quitté une seule fois le logis, et a pris autant de soin de nous que dans nos premières années.

LÉON, *avec inquiétude.*

Est-ce que vous ne l'avez point encore vue, mon papa?

M. VALENTIN.

Elle m'est venue saluer à mon arrivée; mais vous êtes d'âge à me rendre un compte fidèle, et je suis bien aise de vous montrer que je m'en rapporte à vous.

ÉLISE.

Nous vous sommes obligés de votre confiance; nous ferons nos efforts pour la justifier.

LÉON, *cherchant à détourner la conversation.*

Mon papa quelle nouvelle nous apportez-vous de Paris?

M. VALENTIN.

Une nouvelle assez étrange, et qui,

je crois, vous surprendra beaucoup : c'est qu'un édit du Roi vient de rétablir la fête des Saturnales.

LÉON.

Quoi ! les Saturnales qu'on célébrait à Rome, et durant lesquelles les esclaves avaient le droit de tout dire à leurs maîtres et de se faire servir par eux ?

ÉLISE, *en riant*.

Est-ce que le Roi voudrait faire revivre le siècle de Saturne ?

M. VALENTIN.

Plût à Dieu que nous le revissions en effet, puisqu'il mérita le surnom de l'âge-d'or. Heureuse époque de l'innocence du monde, où une douce fraternité entre les hommes les rendait tous égaux !

LÉON.

Il n'est pas possible que le Roi pense

sérieusement à ce que vous dites, mon papa, et vous verrez qu'il n'en sera rien.

M. VALENTIN.

Mais cela est tout vu, et j'apporte l'édit avec moi. Je suis même revenu exprès un jour plutôt, afin de le faire observer dans ma maison, une grosse amende devant être la punition de ceux qui négligeraient ou refuseraient de s'y soumettre.

ÉLISE.

Expliquez-moi, je vous prie, quel peut être le but de ce singulier édit.

M. VALENTIN.

D'inspirer aux riches de l'humanité et de la compassion envers ceux que leur mauvaise fortune a réduits à la nécessité de servir. Un jour de représailles dans l'année (car le Roi a borné à un seul jour cette fête qui en durait plusieurs à Rome) retiendra peut-être dans une juste modération ces maîtres durs et impitoyables qui ne veulent rien souffrir.

LÉON.

Il ferait beau voir un homme comme vous, mon papa, s'abaisser jusqu'à servir Geneviève.

M. VALENTIN.

Je m'y soumettrais sans murmure, mon fils, si la chose était nécessaire ; mais le Roi en dispense les pères de famille, parce que leur autorité est indispensable pour maintenir le bon ordre dans les maisons ; car on ne veut conserver de ces fêtes que ce qu'elles pouvaient avoir d'utile, et non les débauches et les scandales qui les accompagnaient.

ÉLISE *en riant*.

C'est-à-dire que je me mettrai à la place de Rosette, et qu'elle prendra la mienne.

LÉON *vivement*.

Es-tu folle, ma sœur? Voudrais-tu que Lubin.... Nous nous soumettrons à Geneviève, tout au plus, parce qu'elle est d'un âge respectable; les autres ne sont que des enfans.

M. VALENTIN.

C'est toi qui n'es pas raisonnable de vouloir frustrer de cet avantage ceux qui en profiteront le plus franchement. Lubin et Rosette ne vous servent-ils pas toute l'année aussi bien que Geneviève?

LÉON.

Mais, mon papa, Lubin est un grossier, un rustre; il pourrait se permettre à mon égard des indignités que je ne saurais souffrir.

M. VALENTIN.

Lubin est un bon garçon, un peu simple, qui, dans ce nouveau rôle, ne verra rien de mieux à faire que de t'imiter, et je ne pense pas que tu te sois conduit envers lui comme un grossier et un rustre.

LÉON *embarrassé.*

Non, sans doute.... mais ces gens-là servent si mal, qu'on n'est pas toujours maître de son impatience.

M. VALENTIN.

Puisque tu connais ses défauts, tu feras en sorte de les éviter et de le servir de manière à ne mériter aucun reproche.

LÉON.

Mon papa, je vous en supplie, épargnez-moi cette humiliation.

M. VALENTIN.

Cela ne se peut pas, Léon..

LÉON.

Personne ici ne connaît l'édit dont vous parlez ; gardons-en tous trois le secret.

M. VALENTIN.

Et l'amende ?

LÉON.

Le Roi ou ses commissaires viendront-ils voir ce qui se passe dans votre maison ?

M. VALENTIN.

Je n'en sais rien, mais une pareille affaire ne peut demeurer secrète. Les valets du voisinage s'informeront aux nôtres de quelle manière ils auront célébré les nouvelles saturnales.

LÉON.

Avec de l'argent nous achèterons leur discrétion.

M. VALENTIN.

Ce serait un faible dédommagement du plaisir qu'ils trouveront à être maîtres à leur tour, ne fût-ce qu'une demi-journée. D'ailleurs, je ne veux point leur donner l'exemple de l'infraction aux lois de mon souverain, et si cette loi doit être profitable, pourquoi empêcherais-je mes enfans de la subir? Que n'imites-tu la soumission d'Élise? Elle n'en paraît nullement alarmée.

ÉLISE.

Au contraire, mon papa, je trouve à cela quelque chose de plaisant, et je ris d'avance de la surprise de Rosette. Quand cette comédie commencera-t-elle?

M. VALENTIN.

Demain.

LÉON.

Demain ! ah ! je n'en dormirai pas de la nuit !

ÉLISE.

Il serait temps de prévenir vos domestiques.

M. VALENTIN.

C'est ce que je me propose de faire, et j'ai pour cela tout le temps qu'il me faut.

LÉON.

Faites-leur bien comprendre au moins que ce n'est qu'un badinage, que nous n'en sommes pas moins leurs maîtres, et qu'ils ne doivent point perdre le respect....

M. VALENTIN.

Au contraire; mon devoir est de leur

donner le courage de secouer le joug, et de leur annoncer qu'ils peuvent dire et faire ce jour-là tout ce qu'il leur plaît.

LÉON *à part.*

Ah! je suis perdu! je tremble qu'il ne prenne envie à ce maraud de Lubin de me rendre les soufflets dont je l'ai gratifié.

LUBIN *survenant.*

Monsieur, le souper est servi.

M. VALENTIN.

Allons nous mettre à table, mes enfans. Il y a long-temps que je n'avais eu le plaisir de faire un repas avec ma famille.

Acte second.

SCÈNE PREMIÈRE.

M. VALENTIN, LUBIN, ROSETTE.

M. VALENTIN.

Avez-vous bien compris ce que je viens de vous expliquer?

LUBIN.

Oui, Monsieur, et je trouve que notre roi est bien juste de faire une chose comme celle-là en faveur des pauvres domestiques.

ROSETTE.

Quoi! c'est moi qui commanderai aujourd'hui à Mademoiselle Élise, et si j'ai besoin de quelque chose, il faudra qu'elle me serve?

M. VALENTIN.

Oui, Rosette, la loi le veut ainsi.

ROSETTE.

Monsieur, je n'aurai jamais le courage de la suivre.

LUBIN.

Mais voyez donc comme elle est sotte! Veux-tu faire mettre Monsieur à l'amende?

M. VALENTIN *en riant.*

Lubin, à ce que je vois, est mieux disposé pour mes intérêts, et il s'acquittera de son rôle comme il faut.

LUBIN.

Certainement, Monsieur; est-il donc si difficile de faire le maître? Mais vous avez bien prévenu M. Léon, au moins, qu'il ne doit pas me troubler dans mes fonctions?

M. VALENTIN.

Sois tranquille, à cet égard.

LUBIN.

C'est qu'il est un peu fier, et je pourrais lui dire des choses qu'il n'est guère accoutumé à entendre.

M. VALENTIN.

Personne n'aura le droit de s'offenser de tes paroles.

ROSETTE à *Lubin*.

Aurais-tu l'insolence d'abuser de sa situation ?

LUBIN.

Ma foi, quand on a si peu de temps à être maître, et tant de temps à être serviteur, il faut bien profiter de la fête pour satisfaire ses petits ressentimens.

ROSETTE.

C'est une vilaine chose que de se venger.

LUBIN.

Cela te plaît à dire, parce que tu as une bonne maîtresse ; mais tu changerais bien de langage, si tu étais obligée de servir M. Léon.

M. VALENTIN.

Ton frère a raison, Rosette, les bons maîtres font les bons valets. Maintenant allez commencer les saturnales.

(*Rosette se retire. Lubin la suit ; mais il revient sur ses pas.*)

LUBIN.

Monsieur, j'ai oublié de vous demander s'il sera permis de me conduire envers M. Léon de la même façon qu'il me gouverne ?

M. VALENTIN.

Assurément. Tu ne saurais mieux faire que de l'imiter.

LUBIN *revenant encore.*

Monsieur, pourrai-je l'appeler sot, rustre, manant et imbécille ?

M. VALENTIN.

Tout ce qu'il te plaira, la loi te donne aujourd'hui carte blanche. *(Lubin revient une troisième fois.)* Encore ?

LUBIN.

Un dernier mot, je vous prie. Si je dois payer en ce jour toutes mes dettes, rendrai-je aussi certains soufflets.....

M. VALENTIN, *après y avoir un peu réfléchi.*

Tu peux les rendre aujourd'hui, Lubin, mais demain tu seras mis à la porte.

LUBIN *en s'en allant.*

Je me doutais bien que la liberté ne serait pas toute entière.

SCÈNE II.

M. VALENTIN seul.

J'aurais peut-être bien fait de tout permettre au juste ressentiment de Lubin; mais j'ai craint de pousser trop loin les choses, et Léon se trouvera d'autant mieux puni sans cela, que son valet me paraît disposé à user d'une franche représaille. Les voici qui viennent ensemble; retirons-nous afin de les laisser agir plus librement.

SCÈNE III.

LÉON, LUBIN.

LUBIN, *d'un ton décidé.*

Savez-vous, Monsieur, que je suis las de vous attendre, et qu'on ne doit pas être si paresseux à sortir du lit, lorsqu'on a quelqu'un à servir?

LÉON.

Je n'ai point l'habitude de me lever matin, et la seule appréhension de cette journée m'a empêché de dormir toute la nuit.

LUBIN.

Mauvaise excuse que votre paresse va chercher là. S'il vous déplaît si fort de me servir une journée, que dirai-je donc, moi, que ma maudite étoile a rendu votre domestique?

LÉON.

C'est un désagrément auquel tu es accoutumé.

LUBIN.

Voilà un plaisant marouffle avec son accoutumance.

LÉON, *d'un air imposant.*

Lubin!

LUBIN.

Eh bien! quoi, Lubin. Oui, vous êtes un marouffle de croire qu'on s'accoutume au mal. Cette expression vous choque? Tant pis pour vous : ne m'avez-vous pas appelé cent fois de cette façon?

LÉON.

Tu m'y excitais sans doute par quelqu'impertinence; mais moi, que t'ai-je dit?

LUBIN.

Une véritable sottise; car pourquoi m'accoutumerai-je à vos caprices, puisque vous ne pouvez vous habituer à mes défauts, quoiqu'assurément j'en aie beaucoup moins que vous?

LÉON.

J'admire la bonne opinion que tu as de toi-même.

LUBIN.

Il ne me sera pas difficile de vous prouver que je dis vrai. D'abord vous êtes le plus grand paresseux du monde, malgré que vous me reprochiez à chaque instant ce défaut. Quand vous vous levez à grand' peine pour déjeûner, j'ai depuis long-temps nettoyé vos habits, ciré vos bottes, distribué la nourriture à vos chiens, et aidé ma sœur et Geneviève dans les travaux du ménage.

LÉON.

Passe pour cela, j'avoue que j'aime assez mes aises.

LUBIN.

Vous êtes colère, emporté comme une bête enragée.

LÉON.

Je suis vif, mais mon impétuosité ne

dure pas, et j'ai le cœur excellent.

LUBIN.

Eh morbleu! que me fait votre bon cœur, si vous avez la langue mauvaise?

LÉON.

Moi! j'ai la langue mauvaise!

LUBIN.

Elle ne crache à tout propos que des injures : rustre par-ci, manant par-là, une misère vous enflamme tout rouge, et votre main est assez d'accord avec votre humeur. Quant à votre cœur, ma foi, je ne le vois point, et s'il est aussi bon que vous le dites, vous ne ressemblez pas mal à une châtaigne.

LÉON.

Et toi, ne te mets-tu jamais en colère?

LUBIN.

Quel sot! pour me faire éreinter, apparemment; car, Dieu-merci, vous ne m'épargneriez guère. Aussi me contentai-je de plier patiemment les épaules, et de ronger tout doucement mon frein.

LÉON.

N'en fais-je pas de même en ce moment?

LUBIN.

La différence est grande entre nous. Vous ne pratiquez cette vertu que pour un jour; moi je l'exerce toute ma vie.

LÉON *à part*.

Il a raison. (*haut.*) Je te trouve bien de l'esprit aujourd'hui, Lubin.

LUBIN.

C'est que j'ai la permission de tout

dire. A quoi voulez-vous que ressemble un pauvre diable, qui est obligé de renfermer en lui-même ses meilleures pensées, et de paraître avoir tort, quand il sent qu'il a raison ?

LÉON.

Eh bien, je t'accorde que tu as plus de patience que moi, et que l'indulgence avec laquelle on me traite depuis mon enfance m'a un peu gâté le caractère. Tu ne nieras point, au moins, que tu ne sois fort maladroit, et que tu n'excites souvent ma mauvaise humeur en me brisant des objets précieux, au lieu que cela ne m'arrive jamais.

LUBIN.

Il faut que vous soyez bien bête, Monsieur, (*Léon fait un mouvement d'indignation. Lubin, sans y prendre garde, continue*) pour ne pas voir de vous-même que toutes les choses me passant par les mains, tandis que vous y touchez à peine, il n'est pas surprenant que je sois exposé à des accidens dont vous êtes à l'abri.

LÉON *à part*.

Ce maraud répond à tout, et je ne saurais me dissimuler que ses reparties ne soient pleines de justesse. (*haut.*) Il faut avouer que tu uses assez librement des droits que t'accordent les saturnales.

LUBIN.

Pas plus que vous n'usez de ceux que vous donnent vos richesses sur ma pauvreté.

LÉON.

Apprends qu'il n'est guère généreux

de m'accabler comme tu le fais.

LUBIN.

Quoi ! n'ai-je pas assez d'avantage sur vous, et voudriez-vous encore que je prisse celui-là ? Un misérable paysan qui ne sait ni lire, ni écrire, que vous traitez tous les jours d'imbécille, et ne daignez pas estimer autant que vos chiens, se montrera-t-il assez généreux pour ne pas profiter d'une seule journée de dédommagement qui lui est offerte, lorsque, depuis plus de trois mois, vous n'avez aucune pitié de son malheureux sort ?

LÉON *attendri.*

En vérité, Lubin, je ne croyais pas ta condition si rude.

LUBIN.

Que diantre, Monsieur, ce que vous

dites-là n'a pas le sens commun.
Quoi ! vous qui vous imaginez avoir
tant d'esprit, vous ne savez pas encore que les injures et les soufflets ne
sont pas des roses ? Eh ! que lisez-
vous donc tous les jours dans vos
livres, si vous n'y apprenez de quelle
façon un bon maître doit se conduire
avec ses domestiques ? Votre père et
votre sœur en usent-ils ainsi ?

LUBIN.

Ces réflexions, tout en me déplaisant de ta part, me forcent à reconnaître que je ne t'ai pas assez ménagé,
et tu verras que tu en seras plus heureux à l'avenir. Contente-toi de cette
promesse, et m'épargne le reste de ce
jour.

✶✶

LUBIN.

A merveille. Vous faites l'ange à cette heure, parce que votre orgueil craint de nouveaux coups; mais demain, vous ferez encore le diable à quatre; et moi, chétive créature, j'aurai perdu mes droits. Profitez-en, ou n'en profitez pas, pour la première fois de ma vie, je prétends vous moraliser tout mon saoul.

LÉON.

Encore une fois, Lubin, cela n'est pas généreux.

LUBIN.

Encore une fois, Monsieur, quand je vous en dirais cent fois davantage, quand j'en viendrais même à quelque chose de pis, je ne ferais que suivre votre exemple, et vous n'auriez point le droit de vous en plaindre. Si je ne suis pas généreux, je suis juste, au moins ; car je ne vous reproche que vos défauts, au lieu que vous n'avez point de honte de me jeter au nez les vôtres.

LÉON *à part*.

Suis-je assez humilié !

LUBIN.

Vous m'appelez paresseux, et je vous ai prouvé que c'est vous qui l'êtes ; rustre, grossier : et c'est vous qui me dites des injures ; vous m'accusez aussi d'être gourmand, car je l'avais oublié, et il faut que la cuisinière se calcine le sang à vous préparer des mets délicats, tandis que le pauvre Lubin se contente la plupart du temps d'un morceau de pain noir et d'une gousse d'ail. Enfin, vous m'appelez à tout propos un imbécille, et depuis un moment que je vous parle à cœur ouvert, je vous ai forcé de convenir, malgré vos dents, que vous avez tort, et que j'ai raison.

SCÈNE IV.

LÉON, LUBIN, ÉLISE, ROSETTE.

LÉON.

Ah! ma sœur! si Rosette, grâce à ces maudites saturnales, se donne autant de licence que son frère, je te plains beaucoup assurément.

ÉLISE.

Ne m'en parle pas, mon frère, je suis tout-à-fait en colère contre elle.

LÉON.

Pour moi, ma constance est à bout,

et je ne crois pas que je puisse soutenir mon personnage jusqu'à la fin.

ÉLISE.

Elle n'a jamais voulu souffrir que je l'aidasse à faire ma chambre ; à chaque service que je lui rends malgré elle, elle me fait une grande révérence, et se confond en excuses.

LÉON.

Comment ! c'est là de quoi tu te plains ?

ÉLISE.

Assurément ; ce n'est point suivre les volontés de notre père.

ROSETTE.

Hélas ! Mademoiselle, je ne demande pas mieux que de lui obéir ; mais devait-il me commander des choses si étranges, et souffrirai-je que vous vous abaissiez jusqu'à servir une pauvre fille pour laquelle vous avez toujours eu tant de bontés?

LÉON.

Tu l'entends, Lubin, elle n'abuse pas comme toi des saturnales.

LUBIN.

Eh! Monsieur! chacun suit l'exemple qu'on lui a donné, et je vous parlerais de la même manière, si vous aviez eu pour moi les bontés dont elle se souvient.

ÉLISE, *bas à Léon.*

Tu n'as rien à répondre à cela, mon frère.

LÉON, *bas.*

J'enrage d'être obligé d'en convenir. (*haut à Lubin.*) Puisque tu as résolu de m'imiter si parfaitement, j'espère que tu ne m'obligeras pas de demeurer toute la journée en ta présence ; car enfin je te laisse respirer au moins.

LUBIN.

Oui, allez jusques dans la pièce voisine, et à peine y serez-vous rendu, que je vous rappellerai bien vite pour satisfaire quelque nouveau caprice. Ce sont là *les repos* que je prends avec vous.

LÉON, *avançant une chaise.*

Asseyons-nous, du moins, puisque...

LUBIN, *lui ôtant sa chaise et s'y plaçant lui-même.*

Qui vous a permis, Monsieur, de vous asseoir ? Je voudrais bien savoir ce que vous diriez si j'avais la hardiesse d'en faire autant, et quelle compassion vous avez jamais eue de mes pauvres jambes ?

LÉON.

Élise, tu conviendras que cela est trop fort.

ELISE.

Je vois que Lubin ne plaisante pas.

ROSETTE *à Lubin*.

N'as-tu point de honte d'être si impertinent?

LUBIN.

Je veux faire ma besogne comme il faut. (*A part, en se levant.*) Mais vraiment je m'avise, et je ne laisserai point passer cette occasion de faire un déjeûner tel que j'en ai servi tant de fois. (*Haut à Léon.*) Holà! Monsieur! que diable faites-vous donc planté devant moi comme un grand imbécille? Oubliez-vous que je n'ai pas déjeûné?

ROSETTE.

Lubin, Lubin, tu me scandalises.

LUBIN.

Tais-toi, pécore, et songe plutôt à prendre ta part du bon repas que je vais faire.

LÉON.

Exigerais-tu que je te servisse à table ?

LUBIN.

Vous voilà bien malade de faire une fois ce que je fais tous les jours ! Allons vite, qu'on ne raisonne point ; je veux déjeûner dans ce salon.

ROSETTE.

Voyez un peu le fantasque ! Pourquoi pas dans la salle à manger ?

LUBIN, *montrant Léon.*

Demande-lui s'il a jamais regardé à

ma peine. (*Rosette sort en levant les épaules.*)

ÉLISE, *en riant.*

Je ne puis m'empêcher de rire de le voir prendre si complétement sa revanche.

LÉON.

Riez, ma sœur, riez, cela est tout-à-fait charitable, et je vous sais bon gré du plaisir que vous prenez à m'entendre humilier de la sorte.

LUBIN.

Quel est donc cet impertinent qui ose quereller quelqu'un en ma présence?... Prenez garde que je ne vous traite à la Lubin...... Vous me comprenez....... (*A part.*) Quel dommage qu'on m'ait interdit les soufflets! que j'aurais eu de plaisir..... (*Haut.*) Je veux déjeûner, vous dis-je.

LÉON.

Viens donc m'aider au moins à porter la table.

LUBIN, *feignant d'être en colère.*

Peste soit du sot, du faquin, du rustre, qui ne sait pas qu'un valet doit se crever, s'éreinter, s'estropier bras et jambes plutôt que de faire attendre son maître, et de l'ennuyer par de pareilles fariboles. Qui de nous doit servir aujourd'hui ?

ÉLISE, *en riant.*

Allons, mon frère, obéissons sans murmurer ; je vais te seconder de mon mieux. (*Ils sortent.*)

SCÈNE V.

LUBIN *seul.*

Ce pauvre M. Léon est au désespoir, et je crois que s'il lui était permis de me battre aujourd'hui, il ne l'aurait jamais fait de si bon cœur. Ma foi, tant pis pour lui; il n'a que ce qu'il mérite. Cependant, si demain il allait se venger?... Bah! son père est de retour; il ne souffrira point qu'on me maltraite, et ne m'aurait pas invité lui-même à imiter son fils, dont il connaît la brutalité, pour m'abandonner ensuite à son ressentiment. Quoi qu'il arrive, d'ailleurs, j'ai été assez souvent battu et injurié sans raison, pour me donner à présent le plaisir de l'être pour quelque chose.

SCÈNE VI.

LUBIN, LÉON, ÉLISE, ROSETTE.

(*Léon et Élise portent une table toute servie. Rosette les suit en s'efforçant de les aider.*)

ÉLISE.

Je te prie en grâce, Rosette, de me laisser faire. Je te l'ordonnerais même si j'en avais le droit aujourd'hui. N'est-ce pas assez que tu ayes tout préparé à mon insu!

ROSETTE, *pleurant*.

Jamais journée ne m'aura paru si longue.

LÉON.

Ni à moi non plus, ma pauvre Rosette.

***

LUBIN.

Allons, pleureuse, sèche tes larmes, et viens t'asseoir à côté de moi. C'est à notre tour d'être servis.

ROSETTE.

Je ne veux point me mettre à table.

LUBIN.

Oses-tu te montrer rebelle aux ordres du roi, et exposer notre maître à l'amende?

ÉLISE.

Allons, Rosette, fais comme Lubin; je t'assure, mon enfant, que cela ne me cause pas la moindre peine.

ROSETTE.

C'est pour vous obéir au moins ce que j'en fais.

(*Lubin et Rosette se mettent à déjeûner.*

Elise présente du pain à sa suivante, qui se lève et la salue respectueusement. Léon coupe aussi du pain à son valet, qui ne se dérange pas de sa place.)

LUBIN, *jetant son pain à Léon.*

Il y a trop de mie; donnez-m'en un autre.

LÉON, *à part.*

Si ce drôle-là me copie, il faut avouer que je suis bien impertinent. *(Il lui présente un second morceau.)*

LUBIN, *le lui jetant encore.*

Il y a trop de croûte; vous êtes un sot.

LÉON.

Ce troisième morceau te conviendra-t-il, enfin ?

LUBIN.

Peut-être. (*Il se met à manger.*) Cela ne vaut rien ; qu'on m'apporte des confitures. (*Léon va pour sortir.*) Non, donnez-moi à boire. Du vin blanc.... ; non, du vin rouge....., si fait, du vin blanc..... Attendez...... ce verre est mal rincé...... Fi ! comme on est servi ! Cela n'est pas tolérable, ces gens-là n'ont pas plus d'intelligence que les dindons ! Passez de l'eau dans mon verre...Faites donc plus vite, la soif m'étrangle..... (*Léon prend le verre, qui lui échappe des mains, et se brise en tombant.*) Ah ! ah ! Monsieur ! vous ne cassez jamais rien, dites-vous, et pour la première fois que vous rincez un verre, votre maladresse paraît d'abord. Si je vous appliquais maintenant mes cinq doigts sur le visage, comment trouveriez-vous l'aventure ?

LÉON.

Oh! pour cela, Lubin, je ne te le conseille pas; car il n'y a point de Saturnales qui m'empêchassent de t'en faire repentir sur-le-champ.

LUBIN.

N'ayez pas peur, Monsieur, c'est ici que je me montrerai généreux. Convenez seulement que vous ne seriez pas un meilleur domestique que moi, et que j'ai raison de me plaindre de votre exigeance.

SCÈNE VII.

LUBIN et ROSETTE *à table*, LÉON, ÉLISE, M. DAMIS.

(*M. Damis reste un moment au fond du théâtre, et examine ce qui se passe.*)

ROSETTE *à Elise.*

Je ne vous ai jamais si bien servie, Mademoiselle, que vous avez la bonté de le faire en ce moment.

ÉLISE.

Hélas! ma pauvre enfant, il est aisé de remplir attentivement un devoir passager; le plus difficile est de le soutenir avec constance.

LUBIN *à Rosette.*

Tu es bien heureuse d'être si bien

partagée! Moi, j'ai à mes ordres un fainéant et un délicat, qui ne m'obéit qu'à contre-cœur. Il ne sent point son bonheur d'avoir un maître de mon mérite. Pourquoi vous tenez-vous si loin, Monsieur? Il ne suffit pas d'exécuter ce que je commande, il faut encore deviner mes besoins, et m'épargner la peine de vous demander à boire ou à manger. Vous me l'avez dit assez de fois pour vous en souvenir.

LÉON.

A l'avenir, je m'en souviendrai encore mieux.

M. DANIS *s'avançant*.

M'apprendrez-vous, mes enfans, quelle sorte de comédie vous jouez à cette heure, et pourquoi vous vous amusez à servir vos valets ?

ÉLISE.

Nous ne nous amusons pas, mon oncle.

LÉON.

Ah! quel temps vous prenez pour votre visite!

M. DAMIS.

Il me semble que je viens fort à propos pour voir votre père qui est arrivé hier de son voyage. Holà, Lubin, au lieu de prendre ainsi tes aises à cette table, pendant que tes maîtres sont debout, va-t-en avertir mon frère que je suis ici.

LUBIN *mangeant toujours.*

Cela ne se peut pas, Monsieur, envoyez-y votre neveu.

M. DAMIS.

Ce garçon est-il fort ? Et pourquoi ne le peux-tu pas ?

LUBIN.

Je fais mes Saturnales.

M. DAMIS.

Que diable veut-il dire ? Léon, ordonne à ton valet de m'obéir.

LÉON.

Je ne saurais, mon oncle.

M. DAMIS.

Et la raison, s'il vous plait ?

LÉON.

Nous sommes dans les Saturnales.

M. DAMIS.

Ces enfans se divertissent. Ma nièce,

soyez plus raisonnable que les autres, et dites à Rosette....

ÉLISE.

Je n'en ai pas le droit, mon oncle ; mais je vais moi-même chercher mon père.

M. DAMIS.

Ne pourrai-je enfin savoir le motif de toutes ces bizarreries ?

ÉLISE.

C'est que nous sommes dans les Saturnales.

M. DAMIS *se couvrant.*

Corbleu, on cherche à me pousser à bout, et je ne doute pas que ce ne soit un jeu joué entre vous autres pour me chasser de cette maison. Je n'y remettrai jamais les pieds; serviteur. (*Il va pour sortir. Lubin effrayé abandonne la table et se retire dans un coin.*)

LÉON *retenant M. Damis.*

De grâce, mon cher oncle, ne nous quittez pas ainsi.

ÉLISE.

Ne savez-vous pas que nous vous respectons à l'égal de notre père?

M. DAMIS *revenant.*

Me prenez-vous pour un sot avec vos Saturnales?

LÉON.

Eh quoi! ne savez-vous pas que le Roi a rétabli cette antique coutume des Romains?

ÉLISE.

Qu'il y a une grosse amende imposée

à ceux qui refuseraient de s'y soumettre ?

LÉON.

Avez-vous oublié que pendant ces
fêtes les esclaves se faisaient servir par
leurs maîtres, et avaient la permission
de leur tout dire ?

ÉLISE.

Vous avez été témoin de notre obéis-
sance.

M. DAMIS.

Parlez-vous sérieusement ?

LÉON.

Le plus sérieusement du monde. Est-
ce que vos enfans ne se conduisent pas
aujourd'hui comme nous ?

M. DAMIS.

Je vois bien qu'ils sont de bonne foi,

et ne puis revenir de leur simplicité. Qui vous a appris cette nouvelle?

LÉON.

C'est notre père.

ÉLISE.

Il avait l'édit dans sa poche.

M. DAMIS.

Mon frère a voulu s'amuser, et s'assurer peut-être jusqu'à quel point vous êtes crédules. Pensez-vous qu'un semblable édit eût pu demeurer secret?

LÉON.

Non, mon oncle, et je suppose aussi que vous en avez connaissance.

M. DAMIS.

En aucune façon. Vous êtes probablement les seuls qu'il regarde.

LUBIN, *à part*.

M. Valentin nous aurait-il tous attrapés ?

SCÈNE VIII.

M. VALENTIN, M. DAMIS, LÉON, ELISE, LUBIN, ROSETTE.

M. VALENTIN, *après avoir embrassé son frère*.

Je suis bien aise de vous revoir, mon frère ; mais j'aurais voulu m'être trouvé au-devant de vous à votre arrivée, pour vous empêcher de venir déranger mes projets.

DAMIS, *en riant*.

Savez-vous, entre nous, que vous fabriquez d'étranges édits, et que pendant un moment les Saturnales m'ont mis tout de bon en colère ? A quel propos, dites-moi, cette plaisanterie ?

M. VALENTIN.

Ce n'est pas sans raison que je l'ai employée. J'ai su que pendant mon absence Léon avait oublié les principes d'humanité que je me suis toujours fait un devoir de lui inspirer à l'égard des domestiques, et comme je tiens qu'il n'y a rien de si propre à corriger que la représaille, j'ai imaginé l'histoire de l'édit.

M. DAMIS.

Je la trouve fort bien inventée, mon frère.

LUBIN, *à part à sa sœur.*

Si j'ai bien entendu, Rosette, nos Saturnales n'auront pas duré long-temps.

ROSETTE, *de même.*

Plaise à Dieu, Lubin, que cela soit ainsi !

LÉON.

Mon papa, vous n'aviez pas besoin de vous appuyer de l'autorité du Roi ; la vôtre seule m'aurait suffi.

M. VALENTIN.

Je m'en flatte, Léon ; mais ce moyen arrangeait plus naturellement les choses.

ÉLISE.

Croyez-vous donc, mon papa, qu'une simple leçon de votre bouche n'eût pas autant valu que cette comédie que vous nous avez fait jouer ?

LÉON.

Ma sœur a raison ; j'aurais préféré de

votre part la punition la plus sévère.

M. VALENTIN.

Voilà précisément ce qui m'avait fait choisir ce moyen. Une remontrance, un châtiment même s'oublient, mais les blessures de l'amour-propre sont long-temps à se fermer. On n'apprécie bien d'ailleurs la condition des autres, qu'autant qu'on en a fait soi-même l'expérience ; mais la leçon a été trop courte pour produire l'effet que j'en espérais.

M. DAMIS.

Je m'en veux sérieusement d'être venu la troubler. Lubin, au reste, me paraissait dans d'assez bonnes dispositions.

LUBIN.

Ce que j'en faisais, Monsieur, n'était

que pour empêcher mon maître d'être mis à l'amende, et si j'avais su que tout cela n'était qu'un badinage, je me serais bien donné de garde....

LÉON.

Ne t'excuse pas, Lubin. Tu m'as fort mal traité; mais je ne m'en vengerai qu'en profitant de tes réprimandes, quelque grossières qu'elles aient été, et mon père verra que cette courte leçon ne me sera pas inutile.

M. DAMIS.

Rosette m'a paru beaucoup plus respectueuse envers sa maîtresse.

ÉLISE.

Oui, mon oncle, c'est une justice à lui rendre. Bien loin de s'en prévaloir, la pauvre fille s'affligeait tout de bon de cette loi, et je n'ai pu lui rendre un seul véritable service.

M. VALENTIN.

Cette différence est la suite naturelle de la conduite que Léon et sa sœur ont tenue précédemment à l'égard de ces enfans, la plupart des hommes étant portés à rendre le bien et le mal qu'on leur fait. Je suis bien aise, au reste, de voir Léon dans les sentimens qu'il vient de nous exprimer. Les cœurs impitoyables sont quelquefois exposés à de cruelles épreuves ; car la fortune a aussi ses Saturnales, et le monde n'est rempli que du spectacle de ses jeux, par lesquels elle brouille et confond tous les rangs.

LA PETITE MÉDISANTE,

COMÉDIE EN UN ACTE.

PERSONNAGES.

Madame LÉONICE

    CAROLINE, sa fille.

    AMÉDÉE, son fils.

    MÉLITE
    DELPHINE } amies de Caroline.

La scène est à Paris, chez madame Léonice.

LE THÉATRE
DE L'ENFANCE.

LA PETITE MÉDISANTE.

SCÈNE PREMIÈRE.

MADAME LÉONICE, CAROLINE, AMÉDÉE.

AMÉDÉE.

Convenez, maman, que ma sœur est bien heureuse !

MADAME LÉONICE *en souriant.*

Parce qu'on lui a fait présent d'une montre ?

AMÉDÉE.

Assurément. Est-il rien de plus agréable que de pouvoir regarder à chaque instant l'heure qu'il est ?

CAROLINE.

Nous avons partout des pendules.

AMÉDÉE.

Oh ! ce n'est point la même chose. Demandez à mon ami Édouard ce qu'il en pense ? Depuis que son père lui a donné une montre, il ne fait plus rien qu'à la minute, et se réveille quelquefois au milieu de la nuit, pour avoir le plaisir d'écouter le bruit qu'elle fait.

CAROLINE.

C'est qu'Édouard est un enfant comme toi.

AMÉDÉE.

Voyez donc, maman, comme Mademoiselle Caroline fait la grande personne !

MADAME LÉONICE.

Mais ne trouves-tu pas toi-même, Amédée, qu'il y a de l'enfantillage à mettre tant d'importance à une chose, dont il est si facile de se passer ?

AMÉDÉE.

Ne m'interrogez point là-dessus, maman, car je crois que si on me faisait un tel cadeau, la tête m'en tournerait de plaisir.

CAROLINE, *en riant.*

Notre grand'mère a donc fort bien

fait de m'accorder la préférence; le danger n'est pas si grand pour moi.

AMÉDÉE.

Tu as beau faire la modérée, et je gage qu'au fond du cœur tu ne te sens pas de joie.

CAROLINE.

Je me sens au moins extrêmement flattée de l'attention de ma grand'mère. Le sentiment qui l'a engagée à me faire ce présent, m'est infiniment plus précieux que le présent même.

MADAME LÉONICE.

Tu le dois, ma chère Caroline, aux tendres soins que tu as pris de ta grand'mère pendant sa dernière maladie. Voici le billet qu'elle m'écrit à cette occasion. (*Elle lit.*)

« Je ne vous ai point consultée, ma
» fille, sur le dessein que j'avais d'offrir
» à Caroline un témoignage de ma re-
» connaissance. Cette chère petite a non-
» seulement contribué par ses soins, à
» prolonger mes jours, mais elle m'a
» fait voir tant d'heureuses qualités, que
» je n'ai pu me défendre du désir de
» vivre encore quelque temps, afin de
» jouir de votre bonheur. Je suis as-
» surée, au reste, qu'elle ne comptait
» ni sur cette montre, ni sur aucun au-
» tre présent, et que sa tendresse pour
» ses parens n'a pas besoin d'encoura-
» gement de cette espèce. »

CAROLINE.

Ma grand'mère me rend justice. En
lui donnant mes soins, je n'ai fait que
m'acquitter de mon devoir, et je me

trouve assez bien payée par son rétablissement.

AMÉDÉE.

J'aurais plus de confiance dans ces beaux sentimens, si tu me cédais généreusement la montre.

CAROLINE.

Tu es encore trop jeune, trop étourdi; elle serait brisée ou perdue avant un mois. Si j'avais la permission d'en disposer, je t'avoue, mon frère, que ce ne serait point en ta faveur.

AMÉDÉE.

Voilà qui est fort mal de ta part, et je vois bien que ces raisons ne sont que des prétextes pour conserver la montre.

CAROLINE.

On n'a pas besoin de prétextes pour garder une chose qui nous appartient. Si tu veux même que je m'explique, je te dirai que je ne songe qu'à trouver le moyen de me défaire de cette montre, sans offenser ma bonne maman.

MADAME LÉONICE.

Je ne sais ce que tu veux dire, ma fille.

AMÉDÉE.

Ces paroles sont aussi pour moi une véritable énigme.

CAROLINE *à sa mère.*

Vous connaissez Mélite ?

MADAME LÉONICE.

C'est une jeune personne fort intéressante, et dans la société de laquelle, je te vois avec plaisir. Sa douceur, sa modestie, sa bonne éducation sont d'un excellent exemple. Elle fait la consolation de ses parens, que la fortune n'a point traités selon leur mérite, et sa mère, dont la santé est languissante, serait morte de chagrin, sans la tendresse de sa fille.

CAROLINE.

Ah! maman! que vous peignez bien les rares qualités de ma chère Mélite! Elle en a encore une que vous ne comptez point ; c'est de me préférer à ses autres compagnes.

AMÉDÉE, *en éclatant de rire.*

Ma petite sœur est d'une modestie admirable!

CAROLINE.

J'exprime peut-être mal ma pensée;

mais je veux dire qu'elle fait preuve par-
là de reconnaissance et de discerne-
ment, puisque personne, j'en suis sûre,
ne lui est plus attaché que moi.

AMÉDÉE.

Bah ! vous autres demoiselles, vous
vous faites à tout propos les plus belles
démonstrations du monde, et je t'enten-
dais hier en dire presque autant à Mademoiselle Delphine.

CAROLINE.

Delphine a de l'esprit, sa conversation est fort agréable, mais je me sens
plus d'inclination pour Mélite.

MADAME LÉONICE.

Je crois aussi qu'elle mérite mieux
ton attachement. Delphine se livre trop
au plaisir d'exercer son esprit aux dé-
pens de ses connaissances. Il est rare

qu'on ne l'entende pas médire; et ses saillies les plus spirituelles sont comme des traits perçans qu'elle décoche sans ménagemens. Prends-y garde, ma fille, un pareil caractère ne doit inspirer aucune confiance.

AMÉDÉE.

J'avoue, pour moi, que je ne puis la souffrir. Elle a le regard et le sourire si méchans, que ses complimens même ont quelque chose d'injurieux.

CAROLINE.

C'est la juger trop sévèrement. Sa gaîté l'emporte quelquefois, il est vrai, à tenir des propos qu'il serait peut-être plus convenable de taire; mais il y a dans sa conduite plus de légèreté que de malice. Quoi qu'il en soit, je suis bien loin de lui accorder dans mon amitié la même place que Mélite, et c'est à cette dernière que j'offrirais ma montre, si je me croyais la maîtresse d'en disposer.

MADAME LÉONICE.

Mélite t'aurait-elle témoigné le désir d'en avoir une?

CAROLINE.

Non, maman; elle est trop raisonnable pour faire des souhaits si peu conformes à sa fortune; mais je juge moi-même qu'un pareil meuble lui serait plus nécessaire qu'à toute autre. D'abord il n'y a point de pendules dans sa maison : sa mère est obligée, à certaines heures, de prendre des remèdes, et j'ai vu Mélite recourir plusieurs fois à ses voisins, pour ne pas manquer à l'exactitude prescrite par le médecin.

MADAME LÉONICE.

Voilà, j'en conviens, de véritables motifs de posséder une montre; mais n'aurais-tu pas, au fond du cœur, quelque regret de t'en priver toi-même?

AMÉDÉE.

Parle franchement, ma sœur.

CAROLINE.

Croyez-moi, quand je vous assure que ma première pensée, mon premier vœu a été de l'offrir à Mélite. Elle ne serait pour moi qu'un ornement, et grâce à vos bontés, j'ai déjà tant d'objets pour ma parure, que je ne daigne point compter pour quelque chose un si léger sacrifice. Je sens que la satisfaction de Mélite m'en dédommagera amplement; mais je crains bien de ne pouvoir suivre le mouvement de mon cœur, sans risquer d'offenser ma grand'mère.

MADAME LÉONICE.

Cette crainte est juste, ma fille, et le moyen d'arranger tout cela est de consulter ta grand'mère, et d'obtenir son consentement.

CAROLINE.

Ah! maman! si vous aviez la bonté de lui en écrire un mot, elle en serait d'autant plus indulgente, et mon frère, qui se dispose à lui rendre visite, se chargerait de la commission.

MADAME LÉONICE.

Volontiers, ma chère Caroline; je vais passer pour cela dans mon cabinet.

SCÈNE II.

CAROLINE, AMÉDÉE.

CAROLINE.

Tu me boudes, mon frère ?

AMÉDÉE.

Est-il agréable pour moi de voir ma sœur accorder à une étrangère une chose qui me ferait tant de plaisir ?

CAROLINE.

Tu n'as donc pas fait attention à tout ce que j'ai dit à maman de l'utilité que mon amie retirerait de cette montre ?

AMÉDÉE.

Eh bien! que ses parens lui en achètent une.

CAROLINE.

Les parens de Mélite ne sont pas aisés, et l'on ne peut guère acheter une montre, tant qu'on manque de beaucoup de choses encore plus nécessaires. Pour toi, mon frère, tu en auras certainement dès que notre père te jugera assez raisonnable pour la conduire. Ne regarde donc point avec des yeux jaloux ce que je souhaite de faire en faveur de Mélite, et n'en prends point occasion de douter de mon amitié pour toi. Tu sais bien que je n'ai point de plus grand plaisir que de t'obliger.

AMÉDÉE *lui tendant la main.*

Pardonne-moi, je suis un enfant; mais je veux, à mon tour, devenir raisonnable. Mademoiselle Mélite mérite bien cette attention de ta part; elle a aussi pour moi mille complaisances, et je veux lui porter moi-même ton présent, si ma grand'mère en tombe d'accord.

CAROLINE.

Paix ! J'entends la voix de Mélite, Delphine est avec elle.

AMÉDÉE.

Je vais voir si maman a achevé sa lettre.

SCÈNE III.

CAROLINE, MÉLITE, DELPHINE.

DELPHINE à *Mélite*.

Je vous assure que la chose est comme je vous le dis, et qu'elle a été obligée de se retirer toute confuse.

MÉLITE.

C'est une aventure dont il ne faudrait jamais ouvrir la bouche.

CAROLINE.

De quoi parlez-vous donc là, mes bonnes amies ?

MÉLITE.

D'une bagatelle qui ne vaut pas la peine d'être rapportée. Bonjour, ma chère Caroline; comment se portent ton frère et ta maman ?

CAROLINE.

Fort bien, Mélite. Delphine a un air tout scandalisé !

DELPHINE.

Qui ne le serait pas d'entendre traiter de bagatelle une action épouvantable ?

MÉLITE.

A quoi bon revenir encore là-dessus ? Caroline, as-tu reçu des lettres de ton père, depuis qu'il se trouve en voyage?

CAROLINE.

Il en est arrivé par le courrier d'hier; mais que veut donc dire Delphine, avec son action épouvantable?

MÉLITE.

En vérité, ma chère, ta curiosité s'éveille mal à propos, et tu seras fâchée de l'apprendre.

DELPHINE.

Il est vrai que cela est fort triste....., mais pourtant je soutiens qu'il n'est pas inutile de connaître un peu les personnes.

MÉLITE.

Cette histoire n'est peut-être qu'une calomnie.

DELPHINE.

Je serais la première à m'en flatter

si les nombreux témoins de l'aventure me permettaient de la révoquer en doute.

CAROLINE.

Mettez-moi donc en état de comprendre quelque chose à ce que vous dites.

DELPHINE.

Mademoiselle Isaure, cette grande blonde que nous avons rencontrée plusieurs fois chez Cidalise, entra l'autre jour avec sa femme de chambre dans un magasin de modes de la rue Vivienne, pour y faire des emplètes. Elle demanda à voir des fleurs et des rubans pour une toilette de bal; car vous saurez qu'elle aime la danse à la folie, quoiqu'elle manque de mesure et paraisse contrefaite, malgré ses corsets rembourés et tout l'artifice de la couturière.

CAROLINE.

C'est une chose dont je ne me suis jamais aperçue.

MÉLITE.

Moi, je ne l'ai jamais vue danser; mais sa tournure me semble pleine de grâces, et beaucoup de personnes m'ont assuré qu'elle fait l'ornement des bals où elle se trouve.

DELPHINE, *d'un ton moqueur.*

Oui, c'est une des bossues les mieux faites qu'on puisse voir.

CAROLINE, *en souriant.*

Malicieuse!

DELPHINE.

Je ne me moque point, je vous assure, et il serait à souhaiter qu'elle eût encore l'esprit aussi droit que le corps; mais vous verrez qu'il n'en est rien.

Les marchandises furent déployées devant elle. Isaure, qui avait sans doute ses projets, passa plus d'une heure à se décider sur la couleur, montrant une grande incertitude, et ne pouvant se résoudre à donner le prix qu'on lui demandait. Pendant toutes ces longueurs, il entra plusieurs dames qui détournèrent d'Isaure l'attention des demoiselles du magasin. Elle termina enfin son marché, dans le moment où l'on paraissait le plus occupé autour d'elle, et sortit si promptement, que sa femme de chambre avait peine à la suivre ; mais en dépit de sa diligence, elle n'était pas à vingt pas de la boutique, qu'une demoiselle la pria poliment d'y retourner pour rectifier une erreur. Isaure n'osa point s'y refuser. Alors la maîtresse lui demanda si elle n'aurait pas emporté par mégarde une pièce de ruban parmi ses emplètes. Isaure changea de couleur, et balbutia quelques paroles. La femme de chambre se plaignit qu'on leur faisait injure, et ouvrant brusquement le carton, elle fit voir que le ruban n'y était pas.

CAROLINE.

Si c'est là....

DELPHINE.

Un moment, je vous prie. La maîtresse du magasin se confondit en excuses; mais Isaure était si troublée, qu'en se retirant, elle oublia son sac sur le comptoir. Une demoiselle, l'ayant pris pour le lui remettre, sentit au travers quelque chose de si semblable à une pièce de ruban, qu'elle ne put s'empêcher d'en faire l'observation. Isaure, plus déconcertée que jamais, se défendait assez mal, lorsque la femme de chambre, toujours de bonne foi, renversa le sac en présence de tout le monde, et en fit tomber la pièce de ruban, à demi-enveloppée dans un mouchoir.

CAROLINE.

O ciel! quelle humiliante aventure!

DELPHINE.

Ne trouvez-vous pas que c'est une personne déshonorée?

CAROLINE.

Hélas! à sa place, je n'oserais plus me montrer.

MÉLITE.

L'équité demande que Delphine te

fasse connaître aussi ce qu'elle a pu alléguer pour sa justification.

DELPHINE.

Il faut bien dire quelque chose dans une pareille circonstance. Isaure prétendit qu'elle avait emporté le ruban sans s'en apercevoir, qu'il se trouvait apparemment dans les plis de son mouchoir de poche... Mais personne ne fut la dupe de cette excuse, et la honte de son action lui en est demeurée.

MÉLITE.

Serait-il donc impossible que la chose se fût faite comme elle le dit ?

CAROLINE.

L'oubli de son sac sur le comptoir parle en faveur de son innocence. Avec une mauvaise intention elle se serait montrée plus prévoyante.

DELPHINE.

Le trouble de son esprit l'en empêchait; et pourquoi se troubler, si elle n'avait rien à craindre ?

MÉLITE.

C'est la suite naturelle d'une position désagréable. Comment supposer qu'une demoiselle riche et bien élevée s'avilisse à ce point ?

DELPHINE.

Pour riche, à la bonne heure ; mais bien élevée, tout le monde n'en convient pas, et il court d'étranges bruits sur sa famille.

MÉLITE.

Laissons-les courir, et n'en parlons pas davantage. Si Mademoiselle Isaure n'est pas coupable, je la plains; si elle l'est, je la méprise; mais je n'en dirai rien à personne, et c'est, je crois, ce qu'il y a de mieux à faire. (*Elle aperçoit la montre sur la table.*) Ah! le charmant bijou! Est-ce à toi, Caroline, que cette montre appartient?

CAROLINE.

Oui, ma bonne amie; c'est un présent de ma grand'mère. Comment la trouves-tu?

MÉLITE.

Admirable, si elle est bonne.

CAROLINE.

L'horloger l'a garantie.

DELPHINE *à Mélite.*

Permettez que je l'examine à mon tour. Heureuse Caroline! il ne vous manque rien! (*Elle soupire*) Ce n'est pas sans raison qu'on estime tant la fortune; le bonheur n'est fait que pour les riches.

MÉLITE, *en rIant*.

Voilà une réflexion bien touchante ! A ce que je vois, Delphine, cette montre aurait pour vous de puissans attraits.

DELPHINE.

Je suppose aussi que Mélite n'y serait pas insensible.

MÉLITE.

Je la trouve charmante; mais sa vue, en vérité, ne m'arrache pas un soupir; j'ai tant d'autres choses à désirer, sans parler du rétablissement de ma chère maman, qui fait le plus ardent de mes vœux.

SCÈNE IV.

CAROLINE, DELPHINE, MÉLITE, AMÉDÉE.

AMÉDÉE.

Bonjour, mesdemoiselles. Mademoiselle Mélite, je suis bien aise de vous voir, pour vous remercier du joli dessin que vous m'avez envoyé.

MÉLITE.

Je vous l'avais promis pour prix de la complaisance que vous eûtes l'autre semaine d'amuser sans bruit mon petit frère dans la chambre de maman.

AMÉDÉE.

Mon cousin Achille l'a trouvé fort bien fait.

DELPHINE, *en se moquant.*

Peste! M. Achille est un grand connaisseur!

AMÉDÉE.

Certainement, Mademoiselle. Il dessine supérieurement.

DELPHINE.

Oui, avec le crayon de son maître. Il fait retoucher tous ses ouvrages, et les donne pour des chefs-d'œuvre. Il n'est pas difficile d'être habile à ce prix là.

MÉLITE.

Ne voyez-vous pas, Delphine, que votre maligne observation a tout-à-fait déconcerté ce pauvre M. Amédée, qui ne cherchait qu'à me dire quelque chose d'agréable?

DELPHINE.

Si j'y avais songé, ma chère, je me serais bien donné de garde de porter quelqu'atteinte à la réputation de M. Achille, et me voici prête à me rétracter, pour lui faire plaisir.

AMÉDÉE.

Ce n'est pas la peine, Mademoiselle. Vous me permettrez bien, malgré votre opinion à cet égard, de conserver la mienne sur le talent de mon cousin.

DELPHINE.

Vous êtes piqué, M. Amédée?

AMÉDÉE.

Oh! point du tout; mais avec votre permission, il faut que je parle à ma sœur.

MÉLITE.

J'ai aussi quelque chose à dire à Delphine.

(*Delphine et Mélite se retirent dans le fond du théâtre. Amédée reste avec sa sœur sur le devant.*)

AMÉDÉE.

Les choses s'arrangent à ton gré, Caroline ; notre grand'mère a été fort satisfaite de tes projets généreux; elle te laisse maîtresse de disposer de la montre.

CAROLINE.

Cette nouvelle me comble de joie.... Je vais l'offrir à ma chère Mélite....

AMÉDÉE.

Non, ma sœur; laisse-moi le plaisir de lui porter chez-elle ton présent : cela sera plus délicat. Tu peux compter que je ne tarderai point à remplir tes intentions.

CAROLINE *lui donnant la montre.*

Comme il te plaira, mon cher Amédée.

(*Amédée se retire.*)

SCÈNE V.

CAROLINE, MÉLITE, DELPHINE.

CAROLINE *les surprenant à se parler bas.*

Quel grand secret avez-vous donc ensemble ?

MÉLITE.

Ce n'est rien, Caroline. Je vais te souhaiter le bonjour.

CAROLINE.

Eh! pourquoi si tôt?

MÉLITE.

Je dois préparer un jus d'herbe à ma mère : cette opération est longue. Je crains de m'être amusée ici trop longtemps. Adieu, mes bonnes amies. (*En sortant elle fait à Delphine des signes d'intelligence, dont Caroline s'aperçoit.*)

SCÈNE VI.

CAROLINE, DELPHINE.

CAROLINE.

Certainement vous me cachez quelque chose.

DELPHINE.

Ne savez-vous pas que notre amie est naturellement mystérieuse ?

CAROLINE.

Oh ! je ne m'en inquiète pas ; elle est si bonne !

DELPHINE.

J'en conviens; mais ne peut-on pas être bonne et franche tout à la fois?

CAROLINE.

Pensez-vous que Mélite ne réunisse pas ces deux qualités?

DELPHINE.

Je ne sais. Il y a des momens où je lui trouve une espèce d'affectation que j'aimerais mieux ne lui pas voir. Par exemple, pourquoi témoigner de l'indifférence pour la possession d'une montre, tandis qu'elle dévorait la vôtre des yeux?

CAROLINE *en souriant.*

Vous verrez que demain elle en parlera avec plus de chaleur.

DELPHINE.

Comment cela?

CAROLINE.

J'ai obtenu de mes parens la permission d'en disposer en faveur de Mélite.

DELPHINE.

Quoi ! vous lui donnez votre montre ?

CAROLINE.

Oui. Cela vous étonne ?

DELPHINE.

Oh ! point du tout.

CAROLINE.

On dirait que vous en êtes mécontente ?

DELPHINE.

En aucune façon ; mais j'admire le bonheur de certaines personnes, qui ont l'art de se faire passer pour ce qu'elles ne sont pas, et je commence à comprendre qu'on se fait plus d'amis par la ruse que par la droiture.

CAROLINE.

Je ne comprends pas à qui ces réflexions s'adressent.

DELPHINE.

Ce n'est pas à vous, Caroline, assurément. Vous avez un cœur sensible et ingénu, plus fait pour être dupe que trompeur.

CAROLINE.

Voudriez-vous me faire entendre par là que Mélite ne mérite pas ma confiance ?

DELPHINE.

Ce n'est pas mon caractère de semer la division entre mes amies, et de forcer les gens à sortir d'une erreur qui leur est douce.

CAROLINE.

Je ne sais où vous en voulez venir; mais chacune de vos paroles jette du trouble et de l'inquiétude dans mon esprit.

DELPHINE.

Pauvre Caroline !

CAROLINE.

Pourquoi me plaignez-vous ?

DELPHINE.

Si j'osais m'expliquer !.... Mais non, votre esprit est trop prévenu en sa faveur.... Vous ne me croiriez point.... Il vaut mieux que je me retire.

CAROLINE.

Demeurez, je vous en conjure, et dites-moi franchement ce que vous savez de Mélite, car je vois bien que c'est d'elle que vous voulez parler.

DELPHINE.

Vous n'ajouterez point de foi à mes discours.

CAROLINE.

Peut-être.

DELPHINE.

J'ai le malheureux défaut de ne pouvoir cacher à mes amies le fond de ma pensée. Je m'en veux d'être ainsi faite.

CAROLINE.

Vous avez tort, c'est une fort bonne qualité.

DELPHINE.

On ne rend pas toujours justice au sentiment qui l'inspire, et je crains que vous n'alliez me supposer jalouse de Mélite.

CAROLINE.

Je n'ai aucune raison de vous attribuer des sentimens si bas.

DELPHINE.

Je suis la première à reconnaître le mérite de notre amie dans des circonstances qui l'honorent infiniment. Je sais qu'elle a beaucoup de soins de sa mère malade; mais enfin, personne n'est exempt de défaut, et Mélite en a deux que je n'ai pu m'empêcher d'apercevoir : la dissimulation et l'ingratitude.

CAROLINE.

Mais ce sont là des vices affreux !

DELPHINE.

Vous êtes trop pénétrante pour qu'ils vous aient échappé.

CAROLINE.

Je ne les ai pas même soupçonnés, je vous assure, et vous êtes certainement dans l'erreur.

**

DELPHINE.

Je le voudrais pour Mélite; mais jugez-en vous-même. Parler le langage de l'amitié à une personne qu'on n'aime ni n'estime, lui faire dans toutes les occasions mille caresses affectées, n'en dire du bien que lorsqu'elle peut l'entendre, ou au moins le savoir, n'est-ce pas là de la dissimulation?

CAROLINE.

Il est vrai; mais je ne pense pas....

DELPHINE.

Continuons l'examen; il n'est rien que de s'entendre. Recevoir mille services de cette même personne, souffrir qu'elle s'abandonne avec confiance au sentiment qu'elle croit inspirer, s'en moquer impitoyablement en arrière, l'appeler vaine, orgueilleuse, dire qu'elle n'a d'autre mérite que sa fortune, et que ses générosités apparentes ne sont que des occasions de satisfaire sa vanité....

CAROLINE, *vivement.*

C'est une ingratitude odieuse !

DELPHINE.

Vous voyez donc bien que je ne me suis pas trompée.

CAROLINE, *fort agitée.*

Eh ! quelle est celle dont Mélite se permet de parler ainsi ?

DELPHINE.

C'est un secret que vous me permettrez de ne point trahir.

CAROLINE.

Elle vous en a donc fait la confidence ?

DELPHINE.

Bien malgré moi, je vous jure. Je lui en ai même témoigné assez vivement mon indignation. Je l'ai menacée d'ouvrir les yeux à cette amie, qui nous est commune, et que je souffre cruellement de voir abuser à ce point; mais elle m'a priée avec tant d'instance de lui garder le secret, que je n'ai pu m'empêcher de le lui promettre.

CAROLINE.

Je n'en devine pas moins que je suis la personne dont il s'agit.

DELPHINE.

J'en appelle à votre témoignage, que ce n'est pas moi qui vous l'ai révélé.

CAROLINE.

Croirai-je cependant qu'on puisse se contrefaire à ce point!

DELPHINE.

C'est une chose qui répugne aux âmes bien nées, et je ne l'aurais jamais soupçonnée de moi-même. La première ouverture qu'elle m'en fit, fut à l'occasion d'une bague........ N'avez-vous pas donné à Mélite une bague en cheveux ?

CAROLINE.

Oui, et ce présent parut lui faire beaucoup de plaisir. Elle me promit de la conserver toujours pour l'amour de moi.

DELPHINE.

La rusée ! Il n'y a pas de mauvaise plaisanterie qu'elle ne se soit permise au sujet de cette bague ! Elle me l'a offerte mille fois en échange de quelque bagatelle, et je crois qu'elle a fini par en disposer en faveur de quelqu'autre ;

car, depuis un certain temps, elle ne la porte plus.

CAROLINE.

Elle m'a dit qu'elle s'était défaite.... mais elle a pu me tromper à cet égard aussi bien que sur le reste..... L'indigne!... Soyez sûre qu'elle n'aura pas ma montre ; je vais empêcher mon frère de sortir. Excusez-moi, Delphine.

DELPHINE.

Laissez-moi auparavant prendre congé de vous. Il est certain, ma chère, que si vous destinez votre montre à votre plus sincère amie, Mélite n'est point celle que vous devez choisir. (*à part.*) Je suis demeurée fort à propos, et peut-être mon adresse ne sera-t-elle pas perdue pour moi. Je reviendrai tantôt savoir ce que tout cela aura produit. (*Elle sort.*)

SCÈNE VII.

CAROLINE, MADAME LÉONICE.

CAROLINE.

Ah! maman! j'espère que mon frère n'est pas encore parti.

MADAME LÉONICE.

Il devrait déjà être de retour, au contraire.

CAROLINE.

Que je suis malheureuse!

MADAME LÉONICE.

Que t'est-il donc arrivé, ma fille?

CAROLINE.

Mélite est une perfide, une ingrate qui me hait, qui m'outrage, et ne voit que de l'orgueil dans mes bienfaits. Devais-je placer si mal le présent de ma grand'mère! Mais je serai moins dissimulée qu'elle, et je lui reprocherai si amèrement son indignité, qu'elle sera obligée de me rendre la montre.

MADAME LÉONICE.

Je ne comprends rien à tes plaintes; comment as-tu pu changer si subitement sur le compte de ton amie?

CAROLINE.

Delphine vient de me révéler des choses....

MADAME LÉONICE.

Qui ne sont peut-être que des impostures.

CAROLINE.

Ah! maman! Delphine est un peu médisante; mais pouvez-vous la croire capable d'inventer le mal qu'elle rapporte?

MADAME LÉONICE.

Apprends, ma fille, que de la médisance à la calomnie le pas est aisé à franchir, et que du moment qu'on s'habitue au malin plaisir de divulguer les défauts des autres, on n'est pas loin de leur en prêter d'imaginaires, pour peu qu'on y soit excité par la haine ou par l'intérêt.

CAROLINE.

Mais comment Delphine saurait-elle que j'ai donné à Mélite une bague de mes cheveux, si Mélite ne lui en avait point parlé? Nous étions convenues de garder ce petit secret entre nous; le peu de compte qu'elle a fait de ma recommandation m'autorise à croire qu'elle a fort bien pu s'en moquer, comme Delphine le prétend.

MADAME LÉONICE.

Un peu d'indiscrétion peut-être....

CAROLINE, *vivement*.

Non, maman, je n'en saurais douter; j'ai vu de mes propres yeux des signes d'intelligence que je n'explique que trop en ce moment. Mélite, inquiète de voir sa confidente demeurer seule avec moi, lui recommandait sans doute le silence.

MADAME LÉONICE.

Il ne faut jamais être prompte à mal penser de ses amis.

CAROLINE.

Hélas! serais-je la première qu'on aurait trompée, et n'avez-vous pas éprouvé la même chose, de la part d'une personne que vous aimiez fort tendrement?

MADAME LÉONICE.

Cela est vrai, ma fille. Je suis obligée de convenir que ce malheur arrive quelquefois, soit qu'on ait mal choisi l'objet de son affection, soit que nos propres défauts nous fassent tort dans son estime; mais il n'en faut pas moins craindre de se laisser prévenir injustement.

CAROLINE.

L'amitié que j'avais pour Mélite ne m'engageait que trop à la défendre. Cependant je ne croirai jamais qu'on soit assez vicieux, pour imaginer les horreurs que m'a racontées Delphine; et si les choses sont comme elle le dit, n'approuvez-vous pas, maman, que je retire le présent de la montre?

MADAME LÉONICE.

Il y a peu de grandeur d'âme à reprendre ce qu'on a une fois donné.

CAROLINE.

Me priver d'un don précieux en faveur d'une ingrate !

MADAME LÉONICE.

Dans l'occasion que tu me rappelais tout à l'heure, lorsqu'une lettre tombée par hasard entre mes mains me révéla la trahison de mon amie, je travaillais à lui rendre un service important. Cette connaissance ne m'arrêta point, je ne me vengeai de sa perfidie qu'en la forçant de contracter envers moi une nouvelle obligation.

CAROLINE.

Eh bien, maman, je veux vous imiter

et faire regretter à Mélite une amie qu'elle outrage. Qu'elle conserve la montre, mais je ne la reverrai plus.

SCÈNE VIII.

MADAME LÉONICE, CAROLINE, AMÉDÉE.

AMÉDÉE.

Ma sœur, j'ai fait ta commission. Si tu avais vu la joie, les transports...... Mademoiselle Mélite a voulu me suivre, pour t'exprimer elle-même sa reconnaissance.

CAROLINE.

O ciel ! Mélite est avec toi ?

AMÉDÉE.

Nous sommes venus ensemble.

***

CAROLINE.

Ah! maman! que je me sens émue!

SCÈNE IX.

MADAME LÉONICE, CAROLINE, AMÉDÉE, MÉLITE.

MÉLITE, *embrassant Caroline.*

Ah! ma chère Caroline! Comment t'exprimer ce qui se passe dans mon cœur! Généreuse amie! Tu te prives pour moi d'un bijou qu'il est si naturel d'aimer à ton âge! Je me chagrine sincèrement de ne pouvoir te dire tout ce qu'une pareille action me fait éprouver. Que n'ai-je aussi les moyens de prévenir tes désirs! Mais si je ne puis reconnaître par ma fortune toutes les bontés que tu as pour moi, mon attachement inviolable t'est du moins acquis pour la vie.

CAROLINE, *froidement.*

C'est mettre trop d'importance à ce que je fais pour vous, cela n'en vaut pas la peine.

MÉLITE, *surprise.*

Avec quelle froideur tu réponds à mes transports! Un accueil si peu d'accord avec ton action généreuse a de quoi m'étonner.

CAROLINE.

Je m'étonne encore davantage de vous trouver si sensible à mon procédé.

MÉLITE.

Cela n'est-il pas naturel, Caroline, et y a-t-il dans l'expression de ma reconnaissance quelque chose que tu ne mérites pas?

CAROLINE.

Il ne m'appartient pas d'en décider ; mais il y a des personnes qui ne veulent voir dans le soin que je prends d'obliger mes amies, que de l'orgueil, de la vanité, et le désir de me faire un mérite de ma fortune.

MÉLITE.

J'ignore absolument ce que tu veux me dire.

AMÉDÉE, *bas à sa sœur.*

A qui en as-tu donc, Caroline?

CAROLINE, *bas à son frère.*

Tu l'apprendras plus tard.

MÉLITE.

Je te trouve bien changée, Caroline, depuis notre dernière entrevue.

CAROLINE, *vivement.*

Oui, je suis changée, entièrement

changée, mes yeux se sont ouverts. Je ne veux plus servir de jouet aux perfides qui me trahissent, et je compte me trouver en leur présence pour la dernière fois.

MÉLITE, *à madame Léonice.*

Madame, je ne saurais douter que ces paroles ne me regardent; mais aidez-moi, je vous en conjure, à mettre d'accord des choses qui me le paraissent si peu.

MADAME LÉONICE.

Vous avez le droit, mademoiselle, de demander une explication.

CAROLINE.

Votre cœur vous la donnera, Mélite, pour peu que vous l'interrogiez sincèrement: et quant à la contradiction qui vous étonne, apprenez qu'on peut rompre avec une amie perfide, et lui donner en même temps la preuve qu'on ne méritait pas ses procédés.

MÉLITE.

C'est donc à une amie perfide que vous faites présent de votre montre?

CAROLINE.

Pourquoi me le demander?

MÉLITE.

Reprenez donc cette montre, elle n'est pas pour moi. (*Avec noblesse et sensibilité.*) Je suis pauvre, Caroline, mais mon malheur ne donne à personne le droit de m'outrager.

CAROLINE, *un peu émue.*

Est-ce donc moi qui vous outrage?

MÉLITE, *retenant à peine ses larmes.*

M'envoyer un présent, lorsque vous

me retirez votre estime, n'est-ce point me marquer hautement votre mépris ? Apprenez qu'autant je m'honore des dons de ceux qui me chérissent, autant j'évite scrupuleusement de rien recevoir de tout autre. Mes parens m'ont accoutumée à ne rien désirer au-delà de ma fortune, et la plus grande preuve d'amitié que vous ayez reçue de nous, c'est la facilité avec laquelle nous nous sommes prêtés à vos intentions généreuses. J'ignore les motifs de votre conduite à mon égard, mais mon cœur en est cruellement affligé. (*Elle se cache le visage dans son mouchoir.*)

CAROLINE, *attendrie.*

Mélite...... Tu pleures..... Ah ! si on m'avait trompée !

MADAME LÉONICE.

N'en doute point, ma fille. J'ai plus d'expérience que toi, je ne saurais me méprendre aux accens de la vérité, il ne te reste qu'à réparer ton injustice, Mélite est incapable de te trahir.

CAROLINE.

Ah! s'il en est ainsi, ma chère Mélite, combien je suis coupable envers toi! Mais si tu m'avais été moins chère, tu m'aurais trouvée aussi moins sensible à ton ingratitude supposée.

MÉLITE *lui tendant la main.*

On a cherché à me nuire dans ton esprit, sans doute, devais-tu douter si facilement de ma bonne foi?

AMÉDÉE.

Je parie que ce mal-entendu vient de mademoiselle Delphine.

MÉLITE.

Cela ne se peut pas. Elle sait mieux que personne à quel point je chéris Caroline, et combien je m'honore des marques de son affection. Je dois même t'avouer, ma bonne amie, que ce dernier sentiment m'a rendue indiscrète, et que je lui ai confié le secret de la bague en cheveux, malgré notre convention à cet égard. J'étais si fière de montrer cette marque de ta préférence ! Delphine l'a même encore entre les mains, son frère s'étant chargé de raccommoder la tresse de cheveux.

CAROLINE.

L'indigne ! C'est cependant elle-même.....

MÉLITE.

Grand Dieu ! se pourrait-il !

CAROLINE.

N'en parlons plus ; j'aime bien mieux être trompée par elle que par toi. Pourras-tu me rendre sincèrement ton amitié ?

MÉLITE *l'embrassant.*

Elle serait bien peu digne de tes regrets, s'il m'en coûtait pour cela la moindre chose.

SCÈNE IX.

MADAME LÉONICE, CAROLINE, MÉLITE, AMÉDÉE, DELPHINE.

DELPHINE *apercevant les deux amies qui s'embrassent.*

Que vois-je !

AMÉDÉE.

Un spectacle bien propre à désespérer une jalouse.

CAROLINE.

Venez-vous encore inventer quelque calomnie ?

MÉLITE.

Si les bons cœurs ne s'entendaient pas, les méchans auraient trop d'avantage.

DELPHINE.

J'aurais besoin qu'on m'expliquât....

MADAME LÉONICE.

Ne devinez-vous pas, Mademoiselle, que ces deux amies n'ont eu besoin que de se voir, pour se convaincre l'une et l'autre que vous ne méritez que leur mépris ? Le terme est dur, je l'avoue, mais il ne peint encore qu'imparfaitement le sentiment que doivent inspirer les calomniateurs et même les médisans, puisque d'un vice on passe si facilement à l'autre. Allez porter ailleurs vos discours empoisonnés ; quand ma fille serait assez généreuse pour oublier votre conduite, je ne lui permettrais point de s'exposer à une société aussi dangereuse que la vôtre. (*Delphine se retire.*)

SCÈNE XI ET DERNIÈRE,

MADAME LÉONICE, CAROLINE, MÉLITE, AMÉDÉE.

AMÉDÉE.

Elle s'en va fort honteuse, et je crois, maman, que vous lui avez donné là une leçon dont elle pourra se souvenir.

MADAME LÉONICE.

Ce serait un grand bonheur pour elle, si elle s'avisait d'en profiter. Les médisans sont de véritables pestes dans la société.

Allez porter ailleurs vos discours empoisonnés.

Non-seulement ils publient malignement tout ce qu'ils savent de désavantageux aux autres, mais ils supposent du mal aux actions les plus innocentes, et se plaisent à outrer celui qui existe.

CAROLINE.

Je me reproche d'avoir trop souvent encouragé par mon sourire ou ma curiosité la médisance de Delphine.

MADAME LÉONICE.

Il est bien vrai que ceux qui prêtent aux méchans une oreille complaisante se rendent complices du tort qu'ils font à leur prochain. Beaucoup de personnes ne médisent d'abord que pour s'égayer et faire briller leur esprit, ce qui n'arriverait point sans les encouragemens qu'on leur donne. Lors donc, mes enfans, que vous vous rencontrerez dans le monde avec ces sortes de personnes, ayez soin, par votre froideur ou votre éloignement, de leur fermer la bouche dès le premier mot.

LES PETITS
HÉRITIERS,

COMÉDIE EN DEUX ACTES.

PERSONNAGES.

M. ORONTE.
THÉOPHILE
FERDINAND } ses neveux.
MELANIE, jeune orpheline.
HONORINE, gouvernante de M. Oronte.
ÉTIENNE, domestique de M. Oronte.
La gouvernante de Mélanie.

La Scène est Paris, chez M. Oronte.

LE THÉATRE
DE L'ENFANCE.

LES PETITS
HÉRITIERS.

SCÈNE PREMIÈRE.

Le théâtre représente un salon.

M. ORONTE, HONORINE,
ÉTIENNE.

(*M. Oronte assis devant une table ronde, en robe de chambre et en bonnet de nuit, prend une tasse de café au lait. Étienne se tient debout à ses côtés.*)

HONORINE *survenant.*

Votre notaire viendra ce soir, Monsieur.

M. ORONTE.

Pourquoi ne t'a-t-il pas accompagnée, Honorine ?

HONORINE.

Il allait passer un contrat de mariage, et Monsieur sait bien que ces sortes d'affaires sont toujours pressées.

M. ORONTE.

Un testament l'est bien davantage, lorsqu'on est parvenu à l'âge de soixante-quinze ans.

ÉTIENNE.

Bon, Monsieur, vous n'en paraissez guère plus de soixante, et je ne vois encore rien qui vous presse. Vous vous tenez aussi droit que moi, vous vous servez hardiment de vos jambes, vous mangez bien, vous dormez de même, et vous conduisez vos affaires aussi bien qu'un autre.

ORONTE.

Il est vrai, mon cher Étienne, que j'ai de grandes grâces à rendre à Dieu, pour l'heureuse vieillesse qu'il m'accorde, avantage que je dois plutôt attribuer à sa miséricorde qu'à la vie régulière que j'ai menée dans ma jeunesse, quoique sans doute elle n'y a pas nui ; mais je n'en dois pas moins songer au grand nombre d'années que j'ai déjà vécu, et prendre de sages précautions pour n'être point surpris par la mort.

HONORINE.

Vous avez raison, Monsieur. J'ai toujours ouï dire qu'il ne fallait pas attendre au dernier moment à régler des affaires de cette nature, parce qu'il arrive que la maladie trouble l'esprit d'un moribond, et l'empêche d'agir aussi sensément qu'il l'aurait fait dans une autre circonstance.

ÉTIENNE.

J'espère, Monsieur, que vous n'oublierez pas votre neveu Théophile, un jeune homme plein de raison, si complaisant, si exact à vous rendre ses devoirs.....

M. ORONTE, *en souriant.*

Tu le protèges, Étienne.

ÉTIENNE.

Ah ! Monsieur se moque de moi. Il

sait bien que son neveu n'a pas besoin de la protection d'un pauvre domestique, et que son mérite le recommande de lui-même.

M. ORONTE.

Le mérite d'un écolier de quinze ans !

ÉTIENNE.

Quoiqu'il soit bien jeune, Monsieur, vous avez pu remarquer combien ses paroles et ses actions sont mesurées. Il raisonne sur tout avec une sagesse surprenante, et je gage qu'il conduirait mieux une maison que beaucoup de pères de famille. Il faut l'entendre parler d'économie !

M. ORONTE.

Mais Théophile sera un jour très-riche.

HONORINE.

Certainement. Ne vaudrait-il pas mieux que Monsieur donnât son héritage au fils de sa sœur, à l'aimable Ferdinand, dont la fortune est si bornée ?

M. ORONTE.

Ah! voilà ton favori, à toi, Honorine.

HONORINE.

Je ne m'en défends point, Monsieur; j'aime cet enfant de tout mon cœur, depuis que je l'ai vu s'exposer à être écrasé sous les roues d'une voiture, pour en retirer un petit malheureux qui, sans lui, n'aurait pas manqué d'y périr.

M. ORONTE.

Il faut convenir que le trait est beau.

HONORINE.

On en citerait beaucoup de semblables qui prouvent la bonté de son cœur.

ÉTIENNE.

Oui ; mais combien en aurait-on aussi à leur opposer, qui ne marquent que sa mauvaise tête et son étourderie ? Car, sans manquer de respect à Monsieur, on peut bien dire qu'il se trouve dans toutes les querelles du quartier, et qu'il fait plus de fredaines à lui seul que tous les écoliers du collége.

HONORINE.

Il est permis à un enfant de treize ans d'être un peu espiégle : et, pour moi, je n'ai guère de confiance dans les philosophes à qui la barbe n'est point encore venue.

ÉTIENNE.

Je sais bien, Honorine, que vous n'aimez point M. Théophile, mais c'est une injustice de votre part; il n'y a pas de civilités qu'il ne vous fasse.

HONORINE.

Voilà, s'il faut parler franchement, ce qui m'indispose contre lui. Ses paroles doucereuses et ses humbles révérences me sont un peu suspectes.

M. ORONTE.

Garde-toi, Honorine, d'une prévention peu équitable. La douceur et la politesse ne sont pas des défauts, et il ne faut pas voir tout en beau dans l'un au préjudice de l'autre. (*Il se lève.*) Au reste, mes amis, soyez sans inquiétude, je tâcherai de mettre dans le dernier acte de ma vie la justice qui m'a toujours

servi de règle et de conduite. Étienne,
as-tu été à la poste ?

ÉTIENNE.

Oui, Monsieur.

M. ORONTE.

Il n'y avait pas encore de lettres de
Florence ?

ÉTIENNE.

Pas une, Monsieur.

M. ORONTE.

Ce silence m'inquiète et me chagrine,
je ne comprends rien à l'inexactitude
d'Ariste. Tenir ainsi dans l'ignorance de
son sort un ami de cinquante ans !

HONORINE.

N'avait-il pas un grand procès à soutenir contre les parens de sa défunte femme?

M. ORONTE.

Hélas ! oui. Ils ne tendaient à rien

moins qu'à lui contester la validité de son mariage, et à priver sa fille de ses droits légitimes. C'est un procès terrible. Ariste m'écrivait qu'on était à la veille de prononcer le jugement, et depuis deux mois, je n'en ai pas entendu parler. Les amis sont toujours malheureux d'être séparés ; mais c'est surtout lorsque l'âge les a appesantis, qu'ils sentent plus vivement ce chagrin.

ÉTIENNE.

Il me semble qu'à son dernier voyage, M. Ariste avait l'intention de revenir pour toujours dans sa patrie ?

M. ORONTE.

Cela est vrai, et sans cet odieux procès nous serions déjà réunis. Quelle douceur j'éprouverais à passer mes derniers jours dans le sein d'un ami si cher,

HÉRITIERS.

et auquel j'ai les plus grandes obligations du monde !

SCÈNE II.

M. ORONTE, HONORINE, ÉTIENNE, THÉOPHILE.

THÉOPHILE, *arrivant sur la pointe des pieds.*

Mon oncle, je suis votre très-humble serviteur. (*Il salue aussi les deux domestiques.*)

M. ORONTE.

Ah ! bonjour, Théophile. Pourquoi arrives-tu si doucement ?

THÉOPHILE.

C'est de peur de vous faire mal à la tête, mon oncle.

ÉTIENNE.

Quelle aimable attention !

THÉOPHILE.

Je ne veux point imiter ces étourdis qui n'ont aucun égard pour les personnes de votre âge.

M. ORONTE.

C'est fort bien fait, mon neveu. La jeunesse ne saurait agir plus sensément que d'honorer ceux qui ont vieilli, puisqu'elle peut avoir droit un jour aux mêmes avantages.

THÉOPHILE.

Il y en a, mon oncle, à qui il vous serait assez difficile de persuader cette vérité, et j'eus l'autre jour une querelle sérieuse avec mon cousin Ferdinand....

HONORINE.

Voudriez-vous l'accuser, Monsieur, de ne pas respecter son oncle? Je suis garant....

THÉOPHILE.

Dieu me préserve, mademoiselle Honorine, d'en avoir seulement la pensée! Je ne le dirais sûrement pas ; car ce n'est point mon caractère de rapporter le mal que je sais des autres. Je dis seulement que j'ai eu querelle avec lui, parce qu'il préfère notre âge à la vieillesse.

M. ORONTE, *en riant*.

Passe pour cela ; il y a beaucoup de personnes de son goût, et je ne vois pas trop pourquoi vous n'étiez pas d'accord.

THÉOPHILE.

Comment, mon oncle, vous seriez de son avis, vous qui êtes vieux ?

M. ORONTE.

Je m'étonne bien plus que tu n'en

sois pas, Théophile, et je serais assez curieux de connaître tes motifs

THÉOPHILE.

Il me semble qu'ils ne sont pas difficiles à deviner. D'abord, la jeunesse est pleine d'imperfections et de défauts. Elle est étourdie, ignorante, légère. La vieillesse, au contraire, est posée, réfléchie, instruite, expérimentée, constante dans ses goûts, dans ses affections; enfin, mon oncle, telle que vous vous montrez chaque jour à nos yeux.

ÉTIENNE, *bas à Honorine.*

N'êtes-vous pas émerveillée de tant de sagesse ?

HONORINE, *bas à Étienne.*

Cela est trop beau pour être naturel.

ORONTE.

Je te suis obligé de ce compliment,

mon cher Théophile ; mais ta raison me
paraît supérieure à ton âge. Tu n'aimes
donc ni à courir ni à folâtrer ? car ce
sont des plaisirs que la vieillesse ne saurait prendre.

THÉOPHILE.

Fi ! mon oncle, il y a long-temps
que j'ai renoncé à ces jeux puérils. Je
consacre ordinairement à la lecture le
temps que les autres y emploient.

HONORINE, *à Théophile.*

Avec votre permission, Monsieur, il me
semble pourtant que je vous ai trouvé,
il n'y a pas quinze jours, dans les Champs-
Élysées, jouant aux barres avec vos
camarades.

THÉOPHILE.

Je pense que vous vous trompez,
mademoiselle Honorine.

HONORINE.

Mon Dieu, Monsieur, quand je dis qu'il me semble, c'est seulement une façon de parler, car j'en suis très-certaine.

THÉOPHILE.

Il faut donc que j'aye tort, mademoiselle Honorine ; une personne comme vous, honorée de la confiance de mon oncle est incapable d'en imposer. Tout ce que je puis dire, c'est que je remplissais apparemment quelqu'acte de complaisance.

ÉTIENNE, *bas à Honorine.*

Peut-on montrer plus de modération et de politesse ?

HONORINE, *bas à Étienne.*

Il a beau faire, je ne saurais l'aimer, ni le croire de bonne foi.

M. ORONTE.

Je ne sais pas, mon neveu, ce que tu deviendras un jour; mais je dois convenir qu'à ton âge, je n'étais pas si sage que toi; et que j'aurais volontiers pensé comme ton cousin que la jeunesse, toute folle qu'elle est, est encore préférable aux autres saisons de la vie.

THÉOPHILE.

Peut-être n'aviez-vous pas comme nous devant les yeux un modèle accompli.....

M. ORONTE.

Ah! je t'en prie, point de compliment.

THÉOPHILE.

Mon Dieu! mon oncle! que vous êtes frais et dispos! Votre visage marque à peine quelques rides, et il est aisé de deviner que vous avez été le plus beau cavalier de votre temps.

M. ORONTE.

Moi, point du tout. Je n'ai jamais été qu'un homme fort ordinaire, de ces gens dont on ne parle pas.

THÉOPHILE.

Dites plutôt que vous êtes encore d'une extrême modestie. Ce fut toujours votre qualité distinctive, et j'ai su de vos contemporains que vous faisiez les délices des sociétés, mais que vous ne paraissiez jamais vous en apercevoir.

M. ORONTE.

Il y en a qui prétendent que j'étais assez gai.

THÉOPHILE.

D'une gaîté charmante. On s'ennuyait partout où vous n'étiez pas.

M. ORONTE.

Je me rappelle qu'un jour, me trouvant invité à une réunion d'amis intimes, je fus surpris par un gros rhume, qui me força de garder la chambre. J'écrivis un billet d'excuse à la personne chez qui j'étais attendu, et je me mis à lire tranquillement auprès de mon feu. Que crois-tu, mon neveu, qu'il arriva?

HONORINE, *à part.*

Il me semble que mon maître se laisse prendre à l'hameçon.

THÉOPHILE.

Bon! mon oncle! C'est comme si j'y avais été. La mauvaise humeur s'empara de toute la compagnie, et chacun s'en retourna chez soi.

M. ORONTE.

Ils firent beaucoup mieux. Comme

ce n'était, ainsi que je te l'ai dit, que des amis intimes, ils vinrent me trouver dans ma chambre, et passer avec moi la soirée.

THÉOPHILE.

Voilà de ces choses qui ne me surprennent point, et, grâce au ciel, vous n'êtes pas du tout changé de ce côté-là.

M. ORONTE.

C'est ton amitié pour moi qui te le fait croire ; mais il est bien difficile que l'âge et les infirmités....

THÉOPHILE.

Vous n'avez point d'infirmités, mon oncle.

M. ORONTE.

J'en ai moins, peut-être, que beaucoup d'autres, et malgré cela la nature m'en a-t-elle envoyé ma part.

THÉOPHILE.

Ce qu'il y a de certain, c'est que je préfère votre conversation à tous les plaisirs du monde, et que toute société me paraît insipide auprès de la vôtre.

ÉTIENNE, *bas à M. Oronte.*

Ne vous disais-je pas bien, Monsieur, que ce jeune homme était plein de raison ?

M. ORONTE, *bas à Étienne.*

Je ne lui en avais jamais tant trouvé qu'aujourd'hui.

HONORINE, *à part.*

Ce petit flatteur là nous soufflera l'héritage.

THÉOPHILE.

Vous n'êtes pas encore habillé, mon oncle, voulez-vous que je vous serve de valet-de-chambre ?

M. ORONTE.

Non, mon ami, je te remercie de ta complaisance, Étienne me suffit. Nous dînons ensemble, Théophile?

THÉOPHILE.

C'est une faveur que j'accepte avec joie.

(*M. Oronte passe dans sa chambre avec Étienne; Théophile le conduit jusqu'à sa porte, et le salue respectueusement.*)

SCÈNE III.

THÉOPHILE, HONORINE.

THÉOPHILE.

Savez-vous, mademoiselle Honorine, que j'ai entendu dire ce matin beaucoup de bien de vous?

HONORINE.

De moi, Monsieur?

THÉOPHILE.

Oui, Mademoiselle, et il ne faut pas en être surprise, puisque vous le méritez. (*Honorine ne répond que par une simple révérence.*) N'êtes-vous pas curieuse de connaître un peu ceux qui vous veulent du bien ?

HONORINE.

Je sais que vous vous entendez à merveille à faire des complimens.

THÉOPHILE.

Au contraire, personne n'y est plus gauche que moi; mais il ne m'est pas difficile de retenir les éloges que j'entends faire des personnes que j'estime, et je veux vous répéter ce que maman disait de vous. Elle trouve mon oncle bien heureux d'avoir à la tête de sa maison une personne de votre mérite, et s'inquiétait de ce que vous deviendriez, si la mort nous enlevait ce respectable parent. Son intention serait alors de vous garder auprès d'elle, car enfin, mon oncle est très-vieux, et d'un instant à l'autre il achèvera de vivre..

HONORINE.

Madame votre mère est trop bonne de prendre ce souci. Dites-lui, de grâce, que mon généreux maître n'aura pas moins de prévoyance qu'elle, et qu'il ne manquera pas de faire à ses fidèles serviteurs un sort qui les dispense d'en servir d'autres à l'avenir.

SCÈNE IV.

THÉOPHILE, *seul*.

Que veut dire cette pécore avec la prévoyance de son maître ? Leur aurait-on déjà fait quelque legs? Ces fidèles serviteurs sont la ruine des héritiers, et je voudrais bien qu'on me laissât le soin de les récompenser comme ils le méritent. Je pourrais bien cependant faire un petit présent à Étienne, que je sais assez porté à soutenir ici mes intérêts, mais pour cette vieille Honorine, elle n'aura rien du tout, je la soupçonne dans le parti de mon cousin Ferdinand. Ces deux domestiques sont les oreilles du bon homme ; quelle faiblesse ! Qu'on est ridicule quand on est vieux ! Pour mon cousin, je ne le redoute guère, ses étourderies me serviront mieux qu'il ne pense. Il ne sait pas comme moi faire sa cour, et s'emparer de l'amitié du vieillard. Si maman me voyait, je crois qu'elle serait bien contente de la manière dont je joue mon rôle. Elle verrait si j'ai profité de ses leçons, et si j'ai bien compris ce que vaut un riche héritage.

SCÈNE V.

THÉOPHILE, ÉTIENNE *un habit sous le bras.*

ÉTIENNE, *d'un air mystérieux.*

Monsieur, je profite d'un moment où votre oncle est occupé à relire quelques papiers pour vous dire qu'il est fort satisfait de vous, et que vous ferez d'autant mieux de le maintenir dans ces bonnes dispositions, qu'il attend aujourd'hui son notaire, pour lui dicter son testament.

THÉOPHILE.

Je te remercie, mon cher Étienne;

mais tu peux être persuadé que cette dernière considération n'entre pour rien dans les efforts que je ferai pour conserver l'estime de mon oncle.

ÉTIENNE, *à part.*

Le bon naturel que voilà! (*Haut.*) Moins vous vous montrez intéressé, plus je trouve, moi, que vous méritez d'être l'héritier de votre oncle. Il a une belle fortune, et je ne me consolerais pas de la voir tomber entre les mains d'un étourdi, tel que votre cousin Ferdinand.

THÉOPHILE.

Penses-tu donc que mon oncle ait quelqu'inclination pour lui?

ÉTIENNE.

Je ne sais. Monsieur est bon, il a été

touché de certains traits de générosité, qu'on lui a rapportés de cet enfant.

THÉOPHILE.

Que veux-tu, mon pauvre Étienne, si mon oncle me faisait une injustice, ce serait à moi de la supporter patiemment, et je ne l'en indisposerai pas davantage pour cela contre mon cousin, en lui rapportant les méchancetés et les fredaines qu'il se permet tous les jours. Je me garderai même bien de lui dire qu'il s'ennuie dans son entretien, et que sans les ordres de ses parens, il ne viendrait jamais ici.

ÉTIENNE.

Le petit vaurien! Oh! j'espère bien, mon cher Monsieur, qu'il ne l'emportera pas sur vous. Je ne suis pas obligé, moi, d'être aussi discret que vous l'êtes, et je sais ce que j'ai à faire.

THÉOPHILE.

Ferdinand n'est-il pas le protégé de Mademoiselle Honorine?

ÉTIENNE.

C'est une raison de plus pour que je soutienne vos droits. Adieu, je retourne auprès de mon maître.

SCÈNE VI.

THÉOPHILE, *seul.*

Je viens d'apprendre là une nouvelle fort importante, et voici l'occasion de faire voir à ma mère que je ne suis plus un enfant, en me faisant déclarer, par mon adresse, l'unique héritier de mon oncle. C'est ma bonne étoile qui m'a conduit ici ce matin.... Mais quel bruit entends-je.....? Je crois que c'est Ferdinand. Quel contre-temps! Il serait pourtant nécessaire de l'éloigner aujourd'hui de cette maison.

SCÈNE VII.

THÉOPHILE, FERDINAND *suivi d'un grand levrier.*

FERDINAND.

Mon cousin, je te souhaite le bonjour.

THÉOPHILE.

Je suis ton serviteur, Ferdinand. Que fais-tu donc de ce grand levrier?

FERDINAND.

Il m'a suivi sans que je m'en sois aperçu ; mais ne t'en mets pas en peine, il est extrêmement docile. Couche-toi là,

Céphale. Tu vois avec quelle soumission il m'obéit ? C'est une bête impayable.

THÉOPHILE.

Il faut le mettre à la porte ; mon oncle n'aime pas les chiens.

FERDINAND.

Ma foi, j'en suis fâché pour lui ; ce sont les meilleurs animaux du monde ; mais je ne m'exposerai pas certainement à perdre mon beau Céphale.

THÉOPHILE.

Je voudrais bien savoir si la satisfaction d'un parent respectable n'est pas plus à considérer que tous les chiens de l'univers ?

FERDINAND.

J'ai beaucoup de vénération pour mon oncle, mais je ne veux pas renvoyer mon chien.

THÉOPHILE.

Tu feras donc prudemment de t'en retourner sans le voir.

FERDINAND.

Pourquoi cela? Mon oncle n'est pas un homme ridicule, et lorsque je lui en aurai fait mes excuses, il permettra bien à ce pauvre chien de dormir dans un coin.

THÉOPHILE.

Encore s'il n'y avait que le chien!

FERDINAND.

Eh! qu'y a-t-il donc?

THÉOPHILE.

Je ne sais ce qu'on lui a rapporté, mais je dois t'avertir qu'il est dans une furieuse colère contre toi. N'as-tu pas fait récemment quelque fredaine?

FERDINAND.

Aurait-il entendu parler de ma dispute avec ce grand commissionnaire du coin de la rue ?

THÉOPHILE.

Ce sera cela, sans doute.

FERDINAND.

Eh bien! quel grand tort cela me fait-il? Je passe dans une rue, je vois un garçon de plus de vingt-cinq ans qui s'amuse à couvrir de boue un enfant qui n'en avait pas dix. Le petit malheureux pleure, et se venge par des injures que le grand imbécille méritait sûrement de reste; cependant il s'avise de s'en offenser, et veut battre l'enfant. La colère s'empare de moi; je m'élance sur le grand garçon, je lui donne un coup de poing dans le visage; l'enfant se sauve, des passans se mettent entre nous, et je m'en retourne triomphant.

THÉOPHILE.

Se battre au milieu d'une rue!

FERDINAND.

Je conviens que j'aurais mieux fait de me servir d'abord avec le commissionnaire des voies de la douceur ; mais je suis vif, et je ne puis voir de sang-froid un être faible. Il n'est pas possible que mon oncle continue de m'en vouloir, lorsque je lui aurai expliqué mes raisons.

THÉOPHILE.

Tu auras fait quelque chose de plus grave peut-être.

FERDINAND.

Attends; je devine de quoi il est question. On lui aura dit que j'avais volé des prunes dans le jardin de M. le chanoine de Saint-Servan.

THÉOPHILE.

Par exemple, cela est affreux ! Voler des prunes dans le jardin d'un chanoine !

FERDINAND, *en riant.*

Bon ! c'était pour lui en faire présent.

THÉOPHILE.

Oses-tu rire d'un pareil tour ? Et crois-tu que mon oncle.....

FERDINAND.

Vraiment il pourrait bien en rire aussi, puisque M. le chanoine n'a pu s'empêcher de le faire lui-même. Ce n'est pas moi d'ailleurs que cela regarde; je n'ai fait que prêter secours au neveu de M. de Saint-Servan, qui est mon camarade. Il voulait faire un présent à son oncle pour le jour de sa fête, sans avoir recours à sa bourse. Des prunes magnifiques, conservées avec soin dans un jardin particulier, lui ont paru très-propres à remplir son projet; mais n'osant se hasarder seul dans cette entreprise, il m'a prié d'être son second: cela se refuse-t-il entre camarades ? Nous avons lestement escaladé une muraille à la nuit tombante; et en moins d'un instant, les belles prunes ont été cueillies. Le lendemain, avant que le jardinier se soit aperçu de l'enlèvement, mon ami a présenté son offrande, qui lui a encore été généreusement payée; mais, par malheur, un canif marqué de mon nom s'était échappé de ma poche pendant notre expédition nocturne; mon camarade, incapable de me laisser supporter seul le poids d'une faute que je n'ai partagée que pour lui rendre service, a tout avoué à son oncle qui nous a pardonné notre tromperie. Pourquoi le mien se montrerait-il plus sévère? Je suppose qu'il est mal informé de cette aventure, car, Dieu merci, les choses s'altèrent toujours en passant de bouche en bouche.

THÉOPHILE.

Tout ce que je puis t'assurer, c'est qu'il est fort en colère contre toi, et que, si tu t'exposes aujourd'hui à le voir, tu dois t'attendre à être sermoné de la belle manière.

FERDINAND.

En ce cas là, je me retire. Les sermons m'ennuient si fort, que je craindrais de m'endormir, pour peu que celui-ci durât. (*Il va pour sortir.*)

THÉOPHILE, *à part.*

Il a donné dans le piége aussi complètement que je le désirais.

FERDINAND, *revenant.*

J'ai pourtant du regret de ne pas voir mon oncle, car je l'aime, dans le fond, et je ne voudrais pas qu'il m'en voulût.

THÉOPHILE.

Laisse d'abord passer sa colère; tu te remettras plus facilement dans ses bonnes grâces.

FERDINAND.

Cela est bien dit; allons, Céphale. (*Il va pour sortir.*)

THÉOPHILE, *à part.*

Je suis sur les épines, dans la crainte de voir arriver mon oncle.

FERDINAND, *revenant*.

Théophile, s'il te parle de moi, ne manque pas de me justifier, en lui racontant les choses telles que je te les ai dites.

THÉOPHILE.

Eh mon Dieu! sois tranquille; ne suis-je pas ton cousin et ton ami?

FERDINAND.

Je suis perdu, voici mon oncle.

THÉOPHILE, *à part*.

Peste soit du babillard.

SCÈNE VIII.

M. ORONTE *habillé*, THÉOPHILE, FERDINAND.

M. ORONTE.

A qui donc est ce chien? Ah! te voilà, Ferdinand?

FERDINAND, *interdit*.

Mon oncle, je vous demande mille

pardons; il s'est échappé pour me suivre; mais je vais l'emmener, dès que vous m'aurez donné de vos nouvelles.

M. ORONTE.

Est-ce qu'il est méchant ou incommode?

FERDINAND.

Au contraire, mon oncle, c'est l'animal le plus doux qu'on puisse trouver.

THÉOPHILE.

Nous savons que vous n'aimez pas les chiens.

M. ORONTE.

Au contraire, mon ami, je les aime beaucoup.

FERDINAND, *étourdiment.*

Ma foi, mon oncle, cela vous fait honneur, car je tiens pour insensibles ceux que les précieuses qualités de cet animal ne touchent point.

M. ORONTE, *en souriant.*

C'est-à-dire qu'avant ma déclaration, j'étais assez mal dans ton estime.

FERDINAND.

Oh! vous tirez tout de suite des conséquences... (*Bas, à Théophile.*) Il me semble pourtant que mon oncle n'a pas l'air trop en colère, et qu'il me sourit avec assez de bonté.

THÉOPHILE, *bas.*

Les vieillards sont si capricieux! (*Haut, à Oronte*). Puisque vous aimez les chiens, mon oncle, pourquoi ne m'avez-vous pas fait l'honneur d'accepter celui que je vous offris l'année dernière. Vous me dites, si je m'en souviens bien, que vous aviez pris la résolution de n'en jamais avoir.

M. ORONTE.

J'avais pour cela un motif qui subsiste toujours. Lorsque mon ami Ariste me quitta pour aller se fixer à Florence, il me fit présent de sa chienne, comme l'objet le plus cher et le plus précieux qu'il pût me laisser pour gage de sa tendresse. — Gardez-la, me dit-il ; son affection vous fera à chaque instant ressouvenir de la mienne, et vous vous consolerez de mon absence, en faisant le bonheur d'une créature qui m'a aimé. — La pauvre Calypso ne consentit point à cet arrangement ; elle ne voulut point survivre à la perte de son maître, et mourut victime de sa fidélité. J'ai été si touché de son sort, et de n'avoir plus sous les yeux ce don de mon meilleur ami, que je me suis promis de ne jamais garder de chiens à l'avenir.

THÉOPHILE.

Ah! mon cher oncle! chaque jour nous découvre de nouvelles preuves de votre sensibilité !

FERDINAND.

Cela est bien vrai ; mais pourtant il faut convenir que la plus sensible était encore cette pauvre Calypso, puisqu'elle est morte de sa douleur.

THÉOPHILE, *feignant de l'indignation.*

Oses-tu bien t'oublier, Ferdinand, jusqu'à faire des comparaisons si impertinentes! Tu manques de respect à mon oncle.

FERDINAND.

Ce n'est pas mon intention; mais qu'ai-je donc dit de si criminel?

M. ORONTE.

Rien, mon ami; ta réflexion est même assez naturelle, et je l'aurais faite probablement à ton âge. Apprends cependant que si les hommes résistent mieux à la douleur que les animaux, ce n'est pas qu'ils soient moins sensibles, mais parce que la raison leur prête son secours.

FERDINAND.

Je comprends cela, mon oncle. Quoi qu'il en soit, je vous sais bon gré de l'honneur que vous faites à la mémoire de Calypso, en ne lui donnant point de successeur.

THÉOPHILE *malicieusement.*

Sans cela, je ne doute point que Ferdinand ne vous eût fait présent de son levrier.

FERDINAND.

A parler franchement, malgré toute mon amitié pour mon oncle, j'aurais bien de la peine à me résoudre à un pareil sacrifice.

THÉOPHILE.

Cependant, s'il le désirait...

FERDINAND.

Je ferais mes efforts pour lui en procurer un semblable.

THÉOPHILE.

Tu me donnerais une fâcheuse opinion de ton cœur, mon cousin, si je pouvais croire que tu parles sérieusement.

FERDINAND.

A-t-on un mauvais cœur pour s'attacher à un pauvre chien qu'on a élevé, et dont la fidélité est reconnue? Céphale mourrait peut-être de chagrin comme Calypso.

THÉOPHILE.

C'est-à-dire que tu serais plus touché des regrets d'un animal, que du désir...

FERDINAND *un peu déconcerté.*

C'est-à-dire... c'est-à-dire... à quoi bon tout ceci? Mon oncle ne veut pas de chien, et je ne sais pourquoi tu te plais à m'embarrasser de la sorte.

M. ORONTE.

Il a raison. Sans courir au devant des épreuves, c'est assez qu'on s'en tire avec honneur dans la circonstance. Je pense, moi, que Ferdinand a un bon cœur, et que j'en recevrais des témoignages, si l'occasion s'en présentait.

FERDINAND *baisant la main de M. Oronte.*

Je vous remercie d'avoir de moi cette opinion. Je sens en effet qu'il me serait difficile de vous refuser quelque chose, lorsque vous me faites voir tant de bontés.

THÉOPHILE *à part.*

J'ai bien du malheur que cet étourdi soit venu !

FERDINAND, *bas à Théophile.*

Puisqu'il est si bien disposé en ce moment, j'ai envie de lui demander pour quel sujet il se plaignait de moi ce matin.

THÉOPHILE.

Ne sois pas si maladroit que de l'en

faire ressouvenir, dès qu'il paraît l'avoir oublié.

SCÈNE IX.

M. ORONTE, THÉOPHILE, FERDINAND, ÉTIENNE.

ÉTIENNE *chassant le levrier à coups de fouet.*

On t'en donnera des fauteuils de velours!

FERDINAND, *d'un ton animé.*

Pourquoi battez-vous ce chien ? Il est à moi.

ÉTIENNE.

Vous auriez donc aussi bien fait, Monsieur, de le garder chez vous. Il vient de crotter un fauteuil, et ses pattes sont imprimées sur tout le parquet : j'en aurai jusqu'à ce soir à réparer le dommage. (*Au chien, en lui donnant un coup de fouet.*) Hors d'ici.

FERDINAND, *furieux, repoussant Étienne.*

Je vous frotterai les oreilles, moi, si vous touchez encore à ce chien.

THÉOPHILE.

Quoi, Ferdinand, en présence de mon oncle !

FERDINAND.

Je ne souffrirai pas qu'on maltraite mon chien.

ÉTIENNE.

Oh ! le méchant petit garçon !

FERDINAND.

Oh ! l'impertinent valet ! le brutal ! le misérable !

M. ORONTE.

Tout beau, mon neveu, n'insulte pas un fidèle domestique, de qui je n'ai qu'à melo uer.

THÉOPHILE.

Il suffit qu'il ait la confiance de mon oncle pour mériter notre estime.

ÉTIENNE.

Voilà comment s'exprime un jeune homme bien élevé.

FERDINAND.

Mais pourquoi traiter si brutalement un pauvre animal auquel une simple parole suffit ?

ÉTIENNE.

J'aurais dû prendre mon chapeau à la main pour le prier d'abandonner le fauteuil.

M. ORONTE.

Sans tant de cérémonies, Étienne, tu aurais pu lui épargner les coups de fouet que lui a prodigués ta mauvaise humeur; mais, de son côté, Ferdinand devrait sentir qu'il est dur pour un homme de ton âge qu'on vienne redoubler ses fatigues, et s'il voyait la sueur ruisseler de ton front, lorsque tu répareras le désordre causé par son chien, il regretterait peut-être les injures qu'il vient de t'adresser.

THÉOPHILE *à part.*

Bon! mon oncle est mécontent; cette petite scène me rendra service.

M. ORONTE.

Je ne trouve pas mauvais qu'on aime les animaux ; mais je ne saurais souffrir qu'on leur montre une prédilection ridicule, jusqu'à mortifier un brave homme à leur sujet.

FERDINAND *tendant la main à Étienne.*

J'ai tort, Étienne, pardonnez-moi ma vivacité.

ÉTIENNE.

Ah! Monsieur! je ne mérite pas que vous me fassiez des excuses.

FERDINAND.

On en doit à tous ceux que l'on a offensés, et c'est de bon cœur que je vous adresse les miennes.

ÉTIENNE.

C'est moi qui me suis emporté mal à propos contre une pauvre bête qui n'entend point malice à ce qu'elle fait; mais soyez tranquille, je vais en avoir bien soin (*à part.*) Je reconnais que ce jeune homme a un bien bon cœur.

M. ORONTE *à Ferdinand.*

A merveille, mon neveu ; voilà comment on répare ses fautes.

THÉOPHILE *à part.*

Il s'en est mieux tiré que je ne pensais.

ÉTIENNE *à M. Oronte.*

Monsieur, vous êtes servi.

M. ORONTE.

Allons nous mettre à table, mes chers neveux. (*à part*) Ou je suis fort trompé, ou le meilleur de ces deux enfans n'est pas celui qui tâche le plus de le paraître.

Acte Second.

SCÈNE PREMIÈRE.

HONORINE, FERDINAND.

FERDINAND.

Que me voulez-vous donc, Mademoiselle Honorine, avec cet air mystérieux? Il y a une heure que vous me faites des signes.

HONORINE.

D'abord j'ai quelque chose à vous dire, et ensuite je vous faisais signe de ne point tant vous livrer à votre étourderie, de vous accommoder plus adroitement aux habitudes de votre oncle.

FERDINAND.

Est-ce que je l'aurais offensé de quelque manière ?

HONORINE.

Sans offenser précisément les personnes, on risque quelquefois de leur déplaire, en ne se conformant pas assez à leur goût. Par exemple, les vieillards aiment à demeurer long-temps à table; il ne fallait pas vous montrer si impatient d'en sortir.

FERDINAND.

C'est que je ne trouve rien de plus ennuyeux que cela.

HONORINE.

Ils prennent plaisir à raconter longuement des histoires ; vous avez la maladresse de deviner tout du premier mot celles de votre oncle, ou de lui rappeler qu'il vous les avait déjà dites plusieurs fois.

FERDINAND.

Mais s'il l'oublie, n'est-il pas naturel de l'en faire ressouvenir ? Je n'y mets point de mauvaise intention, et bien loin de chercher à troubler le plaisir de mon oncle, je croyais lui éviter de la fatigue.

HONORINE.

Je sais bien que vous faites ces petites maladresses de la meilleure foi du monde ; aussi ne vous en parlerais-je pas, sans le désir que j'ai de vous voir bien affermi dans l'amitié de votre oncle.

FERDINAND.

Je vous suis obligé, Mademoiselle Honorine, et je tâcherai de profiter de vos avis.

HONORINE.

Votre cousin n'a pas besoin qu'on lui en donne de semblables. Avez-vous remarqué avec quel empressement il vole au-devant des moindres désirs de M. Oronte? Il lui pèle ses fruits, il lui sert les meilleures choses, il loue la bonté de son vin, l'agrément de ses discours, enfin il n'oublie rien pour mériter ses préférences.

FERDINAND.

Cela est vrai, Mademoiselle; mais si vous voulez que je vous parle franchement, Théophile met à toutes ses actions un air trop étudié, et je suis quelquefois tenté de croire qu'il joue la comédie. Je l'ai entendu très-souvent se moquer entre nous de ce qu'il applaudit ici de toutes ses forces.

HONORINE.

Je le soupçonne, comme vous, d'être un véritable hypocrite; mais on ne lit pas dans les cœurs, et un vieillard se laisse facilement gagner par des apparences si flatteuses. Il ne suffit pas d'ailleurs d'être bon et d'aimer sincèrement les personnes, il faut encore que nos manières le leur persuadent.

✶✶✶

FERDINAND.

Je n'ai rien à répondre à cela.

HONORINE.

Vous ne savez pas que votre oncle veut faire ce soir son testament, et qu'il est de la dernière importance....

FERDINAND *alarmé*.

Son testament! oh! mon Dieu! Mais on ne fait cela que quand on se sent bien malade....

HONORINE *en souriant*.

Ce sont les imprévoyans qui se conduisent ainsi. Grâce au ciel, votre oncle se porte fort bien pour son âge, et son testament ne l'empêchera pas de vivre.

FERDINAND.

Ce vilain mot m'avait tout effrayé.

HONORINE.

Ne seriez-vous pas bien aise d'occuper une bonne place dans ce testament.

FERDINAND.

Moi ?

HONORINE.

Vous-même.

FERDINAND.

Ma foi.... Je n'en sais rien.

HONORINE.

Comment, vous n'en savez rien ? Mais cela est trop enfant. Ignorez-vous que votre oncle est très-riche.

FERDINAND.

Croyez-vous que j'y aie jamais pensé ? A mon âge, on ne s'occupe pas de ces choses-là.

HONORINE.

Quoique votre cousin soit jeune aussi, je puis vous assurer qu'il ne les perd pas de vue. Cependant il est riche et vous ne l'êtes pas.

FERDINAND.

Que m'importe ! Tous mes besoins sont satisfaits comme les siens.

HONORINE.

Fort bien ; mais vous ne songez pas que pour vous entretenir sur le pied où vous êtes, vos parens s'imposent de grandes privations, au lieu que les siens ne s'en aperçoivent pas.

FERDINAND.

Vous avez raison. Maman me recommande chaque jour l'économie, et m'exhorte à profiter des sacrifices qu'on fait pour moi, en m'appliquant à mes études. Je travaille de mon mieux; que puis-je faire de plus?

HONORINE.

Si votre oncle vous instituait son héritier, votre situation et celle de votre famille en deviendraient meilleures.

FERDINAND.

Mais on ne peut hériter qu'après la mort des personnes, et j'espère bien terminer mes études du vivant de mon oncle. A cette époque, loin d'être à charge à mes parens, je pourrai au contraire leur être utile.

HONORINE.

Vous raisonnez-là comme un enfant. De quelque bonne santé que jouisse votre oncle, votre jeunesse vous permet assurément de penser que vous êtes destiné à lui survivre, et si sa fortune vous tombait un jour entre les mains, vous rendriez plus aisément à votre famille le prix de ses bontés, en la faisant jouir des douceurs dont elle se prive aujourd'hui pour vous.

FERDINAND.

Voilà certainement des réflexions très-sensées et qui ne me seraient jamais venues dans l'esprit de moi-même. Je vais de ce pas prier mon oncle de me bien traiter dans ce testament.

HONORINE.

Y pensez-vous, M. Ferdinand? Il ne faut pas seulement qu'il sache que je vous en ai parlé.

FERDINAND.

Comment m'y prendrai-je donc?

car je vous avertis que je ne veux pas devenir un flatteur comme mon cousin.

HONORINE.

J'entends quelqu'un, venez avec moi dans le jardin : je vous apprendrai de quelle manière on s'attire les bonnes grâces de M. Oronte, sans user d'imposture ni d'hypocrisie.

SCÈNE II.

THÉOPHILE *seul.*

Pendant que mon oncle se repose, après son dîner, respirons un peu un moment à notre tour. C'est un rôle pénible que celui de complaisant, et il est bien permis de prendre de l'humeur contre ceux qui nous obligent à le jouer. Je ne suis pas sans inquiétude sur les dispositions de mon bon homme d'oncle ; il me semble que mes prévenances lui ont donné deux ou trois fois de l'impatience.... Bah ! cela n'est pas possible ; je n'ouvre la bouche que pour le louer. C'est cet étourdi de Ferdinand qui lui aura déplu ; son insupportable vivacité l'excédait sans doute, et il a dû trouver fort ridicules les éternelles recommandations qu'il faisait de son chien aux domestiques. Je suis aussi un peu scandalisé du changement d'Étienne, qui est devenu tout à coup partisan de cet écervelé, parce qu'il lui a tendu la main, et adressé de sottes excuses. L'imbécille ! Voilà bien de quoi se laisser gagner ! Qu'il y prenne garde, je ne lui donnerai aucune récompense, pour peu qu'il continue ; car enfin l'héritage ne saurait m'échapper, et Ferdinand n'attrapera tout au plus que quelque legs. Je suis le fils d'un frère, je porte le nom de la famille, et je ne pense pas qu'il y ait à balancer entre moi et mon cousin, sous le rapport du mérite personnel ; mais surtout, M. Oronte, dès que l'affaire sera faite, dépêchez-vous de mourir, s'il vous plaît; car il me tarde de posséder le superbe cheval que ma mère m'a promis le jour que j'hériterai de votre fortune..... Mais quelle est cette jeune demoiselle si lugubrement habillée ?

SCÈNE III.

THÉOPHILE, MÉLANIE *en deuil*, LA GOUVERNANTE.

MÉLANIE.

Monsieur, ne pourrais-je voir M. Oronte ?

THÉOPHILE.

Il repose en ce moment, Mademoiselle. Qu'y a-t-il pour votre service Vous pouvez vous expliquer librement je suis son neveu.

MÉLANIE.

Vous voyez en moi la fille de son ami, de M. Ariste.

THÉOPHILE.

J'en ai beaucoup de joie, Mademoiselle, et je suis persuadé que mon oncle n'en éprouvera pas moins. Monsieur votre père n'est-il pas avec vous?

MÉLANIE *se cachant le visage.*
Hélas!

THÉOPHILE.

Lui serait-il arrivé quelque malheur?

LA GOUVERNANTE.

Le plus cruel qu'on puisse imaginer ; mais ce n'est pas sur lui qu'il pèse désormais : M. Ariste n'est plus.

THÉOPHILE.

Grand Dieu ! quelle triste nouvelle pour mon oncle ! Son ami était cependant plus jeune que lui ; il paraissait d'une constitution vigoureuse. Quel accident fatal a donc terminé ses jours?

LA GOUVERNANTE.

La perte de toute sa fortune a entraîné celle de sa vie ; il n'a pu soutenir ce cruel revers.

THÉOPHILE.

Quoi ! il a perdu aussi sa fortune ! (*A part.*) N'est-ce point encore quelqu'un qui en veut à l'héritage ? (*Haut.*)

Mademoiselle n'a-t-elle point de parens capables de lui tenir lieu d'un si bon père ?

MÉLANIE.

Ma famille me repousse de son sein ; je n'ai d'espoir qu'en votre oncle. Mon père m'a assuré en mourant qu'il prendrait pitié de ma jeunesse.

THÉOPHILE *à part*.

Il n'y a plus de doute, c'est une concurrente, et je ne saurais trop tôt l'éloigner.

MÉLANIE.

De grâce, Monsieur, veuillez me présenter à M. Oronte ; il me tarde de connaître mon protecteur, celui que mon père appelait un autre lui-même.

THÉOPHILE *à part.*

Ne trouverai-je pas quelqu'invention? (*Haut.*) Mademoiselle, je vais... (*Il fait quelques pas et revient.*) Mais puis-je lui annoncer ainsi sans préparation une nouvelle si foudroyante?

MÉLANIE.

Hélas! dites-lui que M. Ariste a perdu son procès, et que sa fille en deuil demande à se jeter à ses genoux. Il devinera aisément l'étendue de mon malheur.

THÉOPHILE.

Je vous proteste, Mademoiselle, que cela ne l'empêchera pas d'être exposé à une émotion qui peut lui devenir funeste. Je n'ai pas trop de ce jour pour le préparer à votre visite, et je vous prie en grâce de la remettre à demain.

LA GOUVERNANTE.

Eh! comment voulez-vous, Monsieur, que nous fassions dans cette grande ville où nous ne connaissons personne?

THÉOPHILE.

Entrez hardiment dans le premier hôtel garni; vous y serez parfaitement reçues.

MÉLANIE.

Allons, ma bonne, puisque le malheur le veut ainsi, attendons jusqu'à demain.

(*Elles sortent au moment que Ferdinand arrive d'un autre côté.*)

SCÈNE IV.

THÉOPHILE, FERDINAND.

FERDINAND.

Voilà une demoiselle d'une figure

bien intéressante! Est-ce à toi qu'elle avait affaire?

THÉOPHILE *transporté de joie.*

Je viens de faire un coup de maître, et de nous rendre à tous deux un service important.

FERDINAND.

Comment cela ?

THÉOPHILE.

C'est une orpheline qui venait nous souffler poliment l'héritage de notre oncle. Son père est mort; il ne laisse pas une obole, et tu sais la grande amitié...

FERDINAND.

De qui me parles-tu?

THÉOPHILE.

De M. Ariste. Ne te l'ai-je pas nommé?

FERDINAND.

Si fait, en ce moment. Quoi! c'est la fille de M. Ariste, ce digne ami de notre oncle! Il faut que je coure après elle.

THÉOPHILE.

Garde-t'en bien.

FERDINAND.

Pourquoi cela?

THÉOPHILE.

Je te dis qu'elle est ruinée, et qu'il ne faut point qu'elle paraisse devant mon oncle, avant qu'il ait fait son testament.

FERDINAND.

Tu l'as donc éconduite?

THÉOPHILE.

Le plus adroitement du monde.

FERDINAND.

Eh bien ! c'est une chose que je n'approuve point.

THÉOPHILE.

C'est que tu n'as point la moindre raison.

FERDINAND.

Je trouve que c'est faire tomber notre oncle dans une espèce de surprise.

THÉOPHILE.

Vain scrupule !

FERDINAND.

Et s'il venait à savoir...

THÉOPHILE.

Je m'y suis pris de façon à ne redouter aucun reproche.

FERDINAND *voyant revenir Mélanie.*

Ma foi, mon cousin, ton habileté ne t'aura pas servi de grand'chose.

THÉOPHILE.

Cette impertinente Honorine l'aura sans doute rencontrée.

SCÈNE V.

THÉOPHILE, FERDINAND, HONORINE, MÉLANIE, LA GOUVERNANTE.

HONORINE *à Mélanie.*

Je ne doute point, Mademoiselle, que mon maître ne soit fort affecté de la perte de son ami ; mais votre présence lui adoucira certainement ce malheur, et il ne me pardonnerait point de vous avoir laissé sortir de sa maison.

THÉOPHILE.

Ce que vous voulez faire, Mademoiselle Honorine, me paraît fort imprudent. C'est moi qui ai conseillé à Mademoiselle d'attendre que mon oncle fût préparé à sa visite, et vous devriez respecter un peu la tranquillité de votre maître.

HONORINE.

Grâce au ciel, Monsieur, mon maître connaît mes intentions. Il sait que je ne me laisse pas conduire par un vil intérêt.

THÉOPHILE.

Qu'entendez-vous par ces paroles?

HONORINE.

Tout ce qu'il vous plaira, Monsieur.

THÉOPHILE.

Vous pourriez vous repentir un jour de votre insolence.

HONORINE.

Vos menaces ne m'effrayent pas plus que vos flatteries ne me séduisent.

SCÈNE VI.

THÉOPHILE, FERDINAND, MÉLANIE, HONORINE, LA GOUVERNANTE, M. ORONTE.

M. ORONTE.

Il me semble qu'on n'est pas d'accord ici ?.... (*Apercevant Mélanie.*) Qui demandez-vous, Mademoiselle ? (*Mélanie, suffoquée par ses pleurs, lui présente une lettre.*) Pourquoi ces larmes ? De quelle part venez-vous ? Hélas ! vos habits de deuil, votre âge, un noir pressentiment qui me saisit... (*Il met ses lunettes et regarde la lettre.*) C'est de la main d'Ariste..... Vous êtes sa fille !....

MÉLANIE *baignée de larmes.*

Hélas ! Monsieur ! cette fille infortunée vient vous prier de lui servir de père !

M. ORONTE.

Qu'entends-je ! c'en est donc fait !... J'ai perdu mon ami ! (*Il se jette dans un fauteuil.*)

THÉOPHILE, *bas à Ferdinand.*

Nous sommes déshérités, ou peu s'en faut.

FERDINAND, *bas à Théophile.*

Qui ne serait touché de la douleur de cette jeune orpheline ?

MÉLANIE, *à Oronte.*

Je suis venue à regret porter le chagrin dans votre âme ; mais j'obéis aux dernières volontés de mon père, qui m'a défendu de chercher ailleurs un refuge.

M. ORONTE *se levant.*

Je n'en attendais pas moins d'un ami si sincère, et sa confiance en moi, jusqu'à son dernier moment, si elle ne me console pas de sa perte, m'aidera du moins à la supporter. D'ailleurs, à l'âge où je suis parvenu, notre séparation ne saurait être longue. Oui, mon cher Ariste, nous nous retrouverons dans un meilleur monde, et nous n'aurons plus à craindre les malheurs auxquels on est exposé dans celui-ci.

MÉLANIE *à sa gouvernante.*

Ah! ma bonne! quelle consolation pour moi d'entendre regretter mon père dans des termes si touchans.

FERDINAND *à part.*

Chaque parole qu'elle prononce redouble mon intérêt pour elle.

Plut à dieu que cette belle pleureuse se fut noyée en chemin.

THÉOPHILE *à part.*

Plût à Dieu que cette belle pleureuse se fût noyée en chemin.

M. ORONTE *à Mélanie.*

Ma chère enfant, n'ayez désormais d'autre chagrin que celui que nous déplorerons ensemble. Je vous regarde déjà comme ma fille..... Hélas! le ciel vous donne un protecteur bien vieux, à vous qui ne faites que d'entrer dans la vie. Mais je trouverai peut-être aussi un ami à qui léguer un si précieux dépôt.

MÉLANIE *lui baisant la main.*

Épargnez-moi la triste perspective d'un nouveau malheur, lorsque j'ai à peine la force de supporter celui qui m'accable.

M. ORONTE.

Honorine, je te confie le soin de cette

jeune personne. Elle a besoin de se remettre de ses émotions; conduis-la dans la chambre la plus agréable de la maison, et fais en sorte qu'elle goûte un peu de repos.

MÉLANIE.

Si j'osais vous prier de ne me point séparer de ma gouvernante.... Elle me chérit comme son enfant.

M. ORONTE.

La fidélité a des droits à mon estime dans quelque condition qu'on la rencontre, et je vous loue, ma chère enfant, de cette tendre sollicitude. (*Mélanie se retire avec Honorine et sa gouvernante.*) Allons lire la lettre de mon malheureux ami. (*Il sort.*)

SCÈNE VII.

THÉOPHILE, FERDINAND.

THÉOPHILE *à Ferdinand qui s'essuie les yeux.*

Ne t'avises-tu pas aussi de pleurer, toi ?

FERDINAND.

Pourquoi ne serais-je pas attendri de la douleur de mon oncle et des regrets de cet intéressante demoiselle ?

THEOPHILE.

Pourquoi peux-tu me le demander ? Ne vois-tu pas que cette aventure nous ruine, et que le moins qui puisse en arriver est de nous faire perdre un tiers de l'héritage de notre oncle ?

FERDINAND.

Ma foi, cela me sort à tout moment

de l'esprit; mais on dirait, à t'entendre, que tu n'as pas de quoi vivre, et que, sans l'héritage de notre oncle, tu es un garçon perdu.

THÉOPHILE.

Apprends que l'abondance n'embarrasse jamais; et puis j'ai encore un motif pour désirer d'hériter, c'est qu'on m'a promis un cheval superbe, si je réussis à captiver les bonnes grâces de mon oncle.

FERDINAND.

Qui t'a promis ce cheval?

THÉOPHILE.

Que t'importe?

FERDINAND.

A dire la vérité, je serais plus curieux du présent que de l'héritage.

THÉOPHILE.

Oui, mais avec l'héritage, on aurait beaucoup de présens comme celui-là.

FERDINAND.

Tu as raison, et je reconnais que tu vois plus loin que moi. Cependant je ne comprends pas trop qu'on te récompense de la réussite d'une affaire qui ne dépend que de mon oncle. Il est le maître de sa fortune, et ne vous consultera pas pour en disposer.

THÉOPHILE.

Aussi ne vais-je pas imprudemment, lui faire connaître mes desseins. Je me contente de le gagner insensiblement par toutes sortes de complaisances, et sans l'arrivée de cette Italienne, je n'aurais point manqué d'y réussir.

FERDINAND.

J'admire ton adresse ! A quelle école t'es-tu si bien formé ?

THÉOPHILE.

J'ai eu le bon esprit d'entrer docilement dans les projets de ma mère. La tienne ne t'a-t-elle pas engagé aussi à te ménager l'amitié de notre oncle ?

FERDINAND.

Oui, elle m'a toujours recommandé de l'aimer, de le respecter, mais sans me dire un mot de son héritage. Je suppose même qu'elle n'y pensait pas plus que moi.

THÉOPHILE.

Oh bien ! ma mère a été plus prévoyante, et il y a déjà long-temps qu'elle m'a fait sentir l'importance de cette affaire.

FERDINAND.

D'où vient que tu m'en parles en ce moment pour la première fois.

THÉOPHILE.

Est-ce que je ne t'en ai pas touché ailleurs quelques mots ?

FERDINAND.

Je n'en ai pas la moindre idée.

THÉOPHILE.

C'est que j'en avais toujours le temps. Aujourd'hui la présence de cette demoiselle menaçant nos intérêts communs, il est nécessaire de nous entendre.

FERDINAND.

Je ne suis pas si versé que toi dans ces matières ; mais ne serait-ce pas plutôt que tu n'aurais pas été fâché d'hériter tout seul ?

THÉOPHILE.

Je ne dis pas cela; néanmoins tu ne saurais disconvenir que j'ai de meilleurs droits que les tiens à la fortune de M. Oronte.

FERDINAND.

C'est ce que tu feras bien de me prouver; car je n'en vois pas la raison.

THÉOPHILE.

D'abord, je suis le fils aîné de son frère.

FERDINAND.

Ne suis-je pas celui de sa sœur ?

THÉOPHILE.

Cela est vrai; mais j'ai l'avantage de porter le nom de la famille. Au surplus, mon cousin, si j'avais hérité tout seul, mon intention était de te faire donner un petit legs en forme de dédommagement, et tu aurais été content de moi.

FERDINAND.

Tu es d'une générosité admirable ! Je n'ai que faire de tes dons; et si mon oncle ne me laisse rien, je saurai m'avancer par mon propre mérite.

THÉOPHILE.

C'est prendre son parti de bonne grâce. Mais à présent que nos intérêts communs sont compromis, ne nous amusons pas à nous quereller mal à propos, et songeons plutôt à nous unir contre cette étrangère, pour la perdre dans l'esprit de notre oncle, et la faire chasser d'ici.

FERDINAND.

Oses-tu bien avouer hautement un si indigne complot, et me croire capable de le seconder ? Qui, moi, j'augmenterais les chagrins de cette orpheline ! Je travaillerais à la priver du seul protecteur qui lui reste ! Ah ! jamais !

THÉOPHILE.

Paix ! voici mon oncle.

SCÈNE VIII.

M. ORONTE, THÉOPHILE, FERDINAND.

(Les deux cousins se retirent dans un coin du théâtre pour ne point troubler la rêverie de leur oncle.)

M. ORONTE *à part.*

Honorine m'a appris que Théophile voulait renvoyer d'ici la fille d'Ariste, sous prétexte de m'éviter une entrevue trop subite. J'ai lieu plutôt de soupçonner... Si jeune cependant est-on déjà maîtrisé par un vil intérêt ? Il est vrai que ma belle-sœur est d'une avidité sans égale, et que les enfans mal nés ne profitent que trop bien des mauvais exemples. Ferdinand d'ailleurs n'est point riche... Pour celui-là, je lui crois un bon cœur... à moins que son étourderie ne l'empêche de sentir le plus ou moins d'importance que mérite la fortune... Au reste, je m'éclaircirai bientôt...

THÉOPHILE, *s'approchant.*

Mon cher oncle! combien je suis touché de la douleur empreinte sur votre visage! Je savais bien qu'une âme aussi sensible que la vôtre méritait d'être ménagée, et si l'on m'en avait cru...

M. ORONTE.

Je sais ce que tu veux dire, mon neveu; mais on a fort bien fait de ne point s'arrêter à cette délicatesse. Mon chagrin eût été le même demain qu'aujourd'hui, la pauvre Mélanie en aurait souffert plus long-temps, et sa situation exigeait bien aussi quelques égards.

FERDINAND.

Cette intéressante orpheline doit rendre grâce au ciel de vous avoir rencontré.

THÉOPHILE.

Toute la famille s'empressera de partager les sentimens que vous avez pour elle.

FERDINAND.

Je n'ai eu besoin que de la voir pour sentir qu'il me sera bien facile de l'aimer.

M. ORONTE.

Je me félicite de vous trouver pour elle dans de si généreuses dispositions. Ses malheurs sont affreux; son innocence augmente encore la compassion qu'ils inspirent. Pour moi, il me suffit qu'elle soit la fille de mon ami.

THÉOPHILE.

J'imagine, mon oncle, que vous ne la garderez pas dans votre maison. La conduite d'une jeune demoiselle ne convient guère à un homme de votre âge, et maman s'en chargerait, j'en suis sûr, avec plaisir, pour vous rendre service.

M. ORONTE.

Mélanie ne me quittera jamais.

FERDINAND.

Il est si facile de se procurer des maîtres...

THÉOPHILE.

Des maîtres! Mon oncle ne songe point à élever une jeune fille sans fortune comme il élèverait, par exemple, une de mes sœurs. A quoi cela lui servirait-il un jour?

M. ORONTE.

Avant de te répondre, il est juste que je vous fasse bien connaître la nature de mes obligations envers cette jeune personne. Son père servait autrefois dans le même régiment que moi, et nous avions l'un pour l'autre une amitié aussi vive que sincère. Il était maître d'une terre assez considérable; elle faisait sa seule fortune. Moi, je recevais de mes parens une pension qui m'aurait suffi pour vivre fort agréablement, sans la funeste passion que j'avais pour le jeu. Ni les conseils de mon ami, ni les représentations de mes supérieurs, ni les reproches que je recevais de mon père ne parvenaient à m'en guérir. Je finis par perdre dans une seule partie soixante mille francs.

THÉOPHILE.

Soixante mille francs dans une partie !

FERDINAND.

Ah ! mon oncle ! que vous deviez en être honteux !

M. ORONTE.

J'en fus au désespoir. Je n'avais pas le quart de cette somme ; ne sachant comment l'acquitter, je fis à tout hasard des billets payables à de certaines époques, et je courus me renfermer chez moi pour réfléchir à ma situation. Quelque peu légitime que paraisse une pareille dette, il n'en va pas moins de l'honneur d'y satisfaire; mais je n'osais compter sur mon père, dont je connaissais déjà le juste mécontentement. Ariste me surprit au milieu de mon trouble, et se chargea d'aller lui-même plaider ma cause dans ma famille. Je l'autorisai à faire de ma part les promesses les plus rassurantes, je pris même avec lui l'engagement de ne toucher de cartes de ma vie; il partit, et revint au bout de quinze jours avec les soixante mille francs. Dans le transport de ma joie, j'allais écrire à mon père pour lui en rendre grâce, lorsqu'Ariste m'avoua que, n'ayant pu réussir auprès de mes parens, il avait vendu sa terre pour me sauver l'honneur.

FERDINAND.

O le généreux ami !

THÉOPHILE.

Je suis certain, mon oncle, que vous n'avez point négligé de lui rendre cette somme par la suite.

M. ORONTE.

Non, sans doute ; mais à cette époque la colère de mon père était si grande, qu'il était à craindre que je ne fusse jamais en état de m'acquitter. Ariste, sans s'arrêter à cette considération, ne vit que mon honneur compromis, mon désespoir, son amitié, et me sacrifia, sans balancer, tout ce qu'il possédait.

FERDINAND.

Non, vous ne sauriez accorder trop de regrets à un si parfait ami.

THÉOPHILE.

Vous ne pouvez vous dispenser non plus de faire quelque chose pour sa fille.

M. ORONTE.

Je pourrais vous citer beaucoup d'autres traits par lesquels sa constante amitié s'est signalée pour moi dans le cours de sa vie. Il se maria avec la veuve d'un Florentin, maîtresse d'une fortune considérable, et qui cherchant dans son second époux des vertus qui le lui fissent aimer, préféra l'indigent Ariste aux plus riches particuliers de Florence. Cette préférence lui suscita un grand nombre d'ennemis, parmi lesquels se rangèrent les parens de son épouse, et qui, après la mort de cette dame, se réunirent pour le perdre. Il fut attaqué juridiquement sur la validité de son mariage, et, après de longs et pénibles débats, condamné à la restitution des biens de son épouse, et sa malheureuse fille déclarée illégitime. Cet événement déplorable a englouti jusqu'à son mince patrimoine. De si affreux revers ont enfin triomphé de la constance de mon ami. Certain de ne pas survivre à ses chagrins, il a tourné vers moi ses tristes regards, et m'a adressé cette lettre :

« Je meurs victime de la haine et de
» l'avarice de mes ennemis. J'ai vu mon
» innocente fille, ma chère Mélanie, re-
» poussée, déshonorée par ceux qui de-
» vaient naturellement la soutenir. Sans

» respect pour la mémoire d'une femme
» vertueuse, ils ont osé transformer en
» des liens criminels ceux que nous
» avions contractés sous la protection
» de la loi. Des juges corrompus n'ont
» que trop bien secondé d'iniques ac-
» cusateurs. La mort, moins barbare
» qu'eux-mêmes, me délivre de leurs
» fureurs; mais le poids de mes maux
» retombe tout entier sur la plus faible
» de leur victime. J'ose, dans une situa-
» tion si désespérée, imiter cet ancien
» ami que nous admirions ensemble au-
» trefois. Oui, cher Oronte, je te lègue
» ma fille unique, et je meurs dans la
» ferme persuasion que tu te rendras di-
» gne d'un semblable testament. »

(*M. Oronte se cache le visage dans ses mains, et reste un moment absorbé par ses émotions.*)

FERDINAND.

Que mon cœur est vivement ému !

THÉOPHILE.

Pour moi, je ne puis retenir mes larmes. (*A part.*) Des héritiers se passeraient bien de ces amis à grands sentimens.

M. ORONTE.

Maintenant, mes enfans, apprenez-moi ce que vous feriez à ma place.

THÉOPHILE.

Mon oncle, il ne nous convient pas de prendre la liberté...

FERDINAND.

Moi, mon oncle, je ferais tout comme vous faites, c'est-à-dire que j'adopterais Mélanie pour ma fille.

M. ORONTE.

Oui ; mais vous avez aussi des droits

à ma fortune, puisque vous êtes mes neveux, et je ne dois pas vous cacher que j'avais le projet de vous traiter l'un et l'autre d'une manière satisfaisante.

THÉOPHILE.

Si j'osais...

M. ORONTE.

Parle, mon neveu.

THÉOPHILE.

Eh bien, je pense qu'il serait dans toutes les règles de la justice que vous déclarassiez l'un de nous votre héritier, en le chargeant de prendre soin de Mélanie. Soyez sûr que, de mon côté, je ne manquerais point de lui continuer les bienfaits que vous avez dessein de répandre sur elle.

FERDINAND.

Quoi ! c'est là ton avis, Théophile !

M. ORONTE.

Je vois que Ferdinand ne le partage pas. Explique-moi à ton tour ce qui te paraît le plus convenable, et n'oublie pas que tu n'es pas riche.

FERDINAND.

Cela ne fait rien, mon oncle. L'état de ma fortune, quel qu'il soit, ne peut entrer en comparaison avec la situation de votre pupille. Non-seulement je ne suis point orphelin comme elle, mais j'ai un oncle qui m'accable chaque jour de bienfaits. Donnez-lui donc tout votre bien, comme son père autrefois vous sacrifia toute sa fortune. C'est mon avis, à moi, et je parie que c'est aussi le vôtre.

M. ORONTE *le prenant dans ses bras.*

Viens sur mon cœur, Ferdinand; je

te reconnais pour mon digne neveu.
Oui, Mélanie sera ma fille ; mais, toi,
tu seras mon fils : je partage ma fortune
entre vous deux.

THÉOPHILE.

Qu'entends-je, mon oncle ? Vous me
déshéritez !

M. ORONTE, *d'un ton sévère.*

Vous êtes riche, Monsieur ; votre
avarice souffrira seule de cette perte.
J'ai découvert, à travers le voile dont
vous les couvrez, la bassesse de vos
sentimens ; et celui qui a pu me con-
seiller d'abandonner sans pudeur à la
commisération des autres la fille de mon
malheureux ami, ne mérite que mon
indignation.

FERDINAND, *bas à Théophile.*

Je te ferai donner un petit legs en

forme de dédommagement, et tu seras content de moi. (*Théophile se retire d'un air courroucé.*)

SCÈNE VIII ET DERNIÈRE.

M. ORONTE, FERDINAND, ÉTIENNE.

ÉTIENNE.

Monsieur, votre notaire vous attend dans votre cabinet.

M. ORONTE.

Allons assurer le bonheur de deux enfans que j'aime. Ferdinand et Mélanie me consoleront, par leur tendresse, de l'ami que j'ai perdu, et feront luire encore quelques jours de félicité sur les dernières années de ma vie.

FIN DU DEUXIÈME VOLUME.

PIÈCES

CONTENUES DANS LE SECOND VOLUME.

Pages.

LES PETITES SATURNALES, comédie en deux actes. 1

LA PETITE MÉDISANTE, comédie en un acte. 85

LES PETITS HÉRITIERS, comédie en deux actes. 151

AUTRES OUVRAGES
DE MADAME
JULIE DE LAFAYE-BRÉHIER.
QUI SE TROUVENT CHEZ LES MÊMES LIBRAIRES.

- Bibliothèque d'Arthur, ou Petites Nouvelles pour le premier âge, par madame Julie de Lafaye-Bréhier, 3 vol. in-18, ornés de jolies gravures. En noir. 5 fr., fig. col. 7 fr.
- Collége incendié (le), ou les Écoliers en voyage, par madame J. de Lafaye, 4 vol. in-18, ornés de douze jolies gravures. En noir 6 fr., fig. col. 8 fr.
- Conseils à l'Enfance et à l'Adolescence, ou Recueil de Nouvelles appropriées à ces différens âges, 4 vol. in-18, ornés de jolies gravures, 8 fr.
- Enfans de la Providence (les) ou Aventures de trois jeunes orphelins, par madame Julie de Lafaye; deuxième édition, 4 vol. in-18, ornés de seize jolies gravures. En noir 6 fr., gravures coloriées, 8 fr.
- Jeunes Filles (les), ou le Monde et la Solitude, par madame de Lafaye, auteur des Petits Béarnais, etc. 6 vol. in-18, avec gravures, 10 fr., figures coloriées, 12 fr.
- Lanterne Magique (la) des Petits Enfans.
- Nouvelle Antigone (la), par madame J. de Lafaye, 1 vol. in-18, avec gravures 1 fr. 25 c.
- Nouvelles de l'Enfance (les six), par madame de Lafaye, troisième édition, 1 vol. in-18, orné de six jolies gravures. En noir, 1 fr. 50 c., figures soigneusement coloriées, 2 fr.
- Nouvelles (les) Nouvelles de l'Enfance, par madame J. de Lafaye, auteur des Six Nouvelles de l'Enfance; deuxième édition, 2 vol. in-18, ornés de jolies gravures. En noir, 2 fr. 50 c., gravures coloriées, 3 fr.
- Pavillon (le) de Caroline ou la Petite Société, par madame Julie de Lafaye-Bréhier; 3 vol. in-18, ornés de douze jolies gravures, et d'une couverture imprimée imitant la reliure, 6 fr. 3 c.

* Petits Béarnais (les), ou Leçons de morale convenables à la jeunesse, par madame Julie de Lafaye, auteur des *Six Nouvelles de l'enfance*, des *nouvelles Nouvelles*, etc. 2e. édit., 4 vol. in-18, avec 16 jolies gravures. En noir, 6 fr. Gravures col., 8 fr.

Petit Jules le sauteur, 2 vol in-18. *Voyez* Ouvrages nouveaux.

* Petit (le) Prince de Cachemire, ou les Leçons de la vénérable Pari-Banon; contes-féeries, à l'usage de la jeunesse, par madame de Lafaye-Bréhier, 2 vol. in-12, avec de très-jolies vignettes, culs de lampe, titres gravés, etc.

Nous espérons que le *Petit Prince de Cachemire* n'aura pas moins de succès que les *Petits Béarnais*, le *Collége incendié*, les *Six nouvelles de l'enfance*, etc., du même auteur, si avantageusement connu pour la morale ingénieuse qu'il sait si bien répandre dans tout ce qu'il écrit.

* Petit voyageur en Grèce (le), ou Lettres d'Évariste à sa famille, par madame de Lafaye-Bréhier, 4 vol. in-18, avec de jolies gravures, 8 fr.

Après avoir donné à l'enfance et à la jeunesse plusieurs productions très-estimées, madame de Lafaye vient d'entreprendre cet ouvrage dans le dessein de former les jeunes personnes au style épistolaire; aussi les lettres de l'auteur ont-elles tout le charme, la facilité, la grâce et le naturel qui conviennent à ce genre d'écrire. Elles disent sur la Grèce ancienne tout ce qu'il est bon de faire connaître à l'âge pour lequel elles ont été écrites, et renferment en outre d'excellentes leçons de morale.

Robinson français (le), ou le Petit Naufragé, par madame de Lafaye-Bréhier, 2 vol. in-12, avec gravures, 7 fr.

* Soupers (les) de famille, ou Nouveaux contes instructifs et amusans pour les enfans, par madame de Lafaye, auteur des *Petits Béarnais*, etc., 4 vol. in-18, en gros caractère et 16 jolies gravures. En noir, 5 fr. Fig. col., 6 fr.

www.ingramcontent.com/pod-product-compliance
Lightning Source LLC
Chambersburg PA
CBHW050340170426
43200CB00009BA/1675